PALEO DIEET 2022

HEERLIJKE EN EENVOUDIGE RECEPTEN VOOR BEGINNERS

RUUD SMIT

Inhoudsopgave

3

4

GEROOKTE BABY BACK RIBS MET APPEL-MOSTERD MOP SAUS

WEKEN:1 uur staan: 15 minuten roken: 4 uur koken: 20 minuten maakt: 4 portiesFOTO

DE RIJKE SMAAK EN VLEZIGE TEXTUURVAN GEROOKTE RIBBEN VRAAGT OM IETS KOELS EN KNAPPERIGS. BIJNA ELKE SLAW ZAL HET DOEN, MAAR DE VENKELSLAW (ZIERECEPTEN AFGEBEELDHIER), IS BIJZONDER GOED.

RIBBEN

8 tot 10 stukjes appel- of hickoryhout

3 tot 3½ pond varkenslende babyruggen

¼ kopje rokerige kruiden (zierecept)

SAUS

1 middelgrote kookappel, geschild, zonder klokhuis en in dunne plakjes gesneden

¼ kopje gesnipperde ui

¼ kopje water

¼ kopje ciderazijn

2 eetlepels Dijon-Style Mosterd (zierecept)

2 tot 3 eetlepels water

1. Minstens 1 uur voor het roken met rook, laat de stukken hout in voldoende water weken om te bedekken. Giet af voor gebruik. Snijd zichtbaar vet van ribben. Trek indien nodig het dunne vlies van de achterkant van de ribben af. Leg de ribben in een grote ondiepe pan. Bestrooi gelijkmatig met Smoky Seasoning; wrijf in met je vingers. Laat 15 minuten op kamertemperatuur staan.

2. Leg in een roker voorverwarmde kolen, uitgelekte stukken hout en een waterpan volgens de aanwijzingen van de fabrikant. Giet water in de pan. Leg de ribben met de

botkanten naar beneden op het grillrek boven de waterpan. (Of plaats de ribben in een ribrek; plaats het ribrek op het grillrek.) Dek af en rook gedurende 2 uur. Handhaaf een temperatuur van ongeveer 225°F in de roker voor de duur van het roken. Voeg indien nodig extra kolen en water toe om de temperatuur en het vocht te behouden.

3. Ondertussen, voor mopsaus, combineer in een kleine steelpan appelschijfjes, ui en het ¼ kopje water. Breng aan de kook; verminder hitte. Sudderen, afgedekt, gedurende 10 tot 12 minuten of tot de appelschijfjes heel zacht zijn, af en toe roeren. Iets afkoelen; breng ongedraineerde appel en ui over naar een keukenmachine of blender. Dek af en verwerk of mix tot een gladde massa. Doe de puree terug in de pan. Roer de azijn en Dijon-stijl mosterd erdoor. Kook op middelhoog vuur gedurende 5 minuten, af en toe roeren. Voeg 2 tot 3 eetlepels water toe (of meer, indien nodig) om de saus de consistentie van een vinaigrette te maken. Verdeel de saus in drieën.

4. Bestrijk de ribben na 2 uur royaal met een derde van de mopsaus. Dek af en rook nog 1 uur. Bestrijk opnieuw met nog een derde van de mopsaus. Wikkel elke plak ribben in zware folie en plaats de ribben terug op de roker, leg ze indien nodig op elkaar. Dek af en rook nog 1 tot 1½ uur of tot de ribben zacht zijn.*

5. Haal de ribben uit de verpakking en bestrijk ze met het resterende derde deel van de mopsaus. Snijd de ribben tussen de botten om te serveren.

*Tip: Om de malsheid van de ribben te testen, verwijdert u voorzichtig de folie van een van de plakken ribben. Pak de ribplaat op met een tang en houd de plaat bij het bovenste kwart van de plaat vast. Draai de riblap om zodat de vlezige kant naar beneden wijst. Als de ribben zacht zijn, zou de plaat uit elkaar moeten vallen als je hem oppakt. Als het niet mals is, wikkel het dan opnieuw in folie en blijf de ribben roken tot ze gaar zijn.

OVEN BBQ LANDELIJKE VARKENSRIBBETJES MET VERSE ANANASSLA

VOORBEREIDEN:20 minuten koken: 8 minuten bakken: 1 uur 15 minuten maakt: 4 porties

VARKENSRIBBETJES IN LANDELIJKE STIJL ZIJN VLEZIG,GOEDKOOP, EN, ALS HET OP DE JUISTE MANIER WORDT BEHANDELD - ZOALS LAAG EN LANGZAAM GEKOOKT IN EEN PUINHOOP VAN BARBECUESAUS - SMELTEND ZACHT WORDEN.

2 pond varkensribbetjes in landelijke stijl zonder been

¼ theelepel zwarte peper

1 eetlepel geraffineerde kokosolie

½ kopje verse sinaasappelsap

1½ kopjes barbecuesaus (zierecept)

3 kopjes versnipperde groene en/of rode kool

1 kop geraspte wortelen

2 kopjes fijngehakte ananas

⅓ kopje Bright Citrus Vinaigrette (zierecept)

BBQ-saus (zierecept) (optioneel)

1. Verwarm de oven voor op 350 ° F. Bestrooi het varkensvlees met peper. Verhit kokosolie in een extra grote koekenpan op middelhoog vuur. Voeg varkensribbetjes toe; kook 8 tot 10 minuten of tot ze bruin zijn en gelijkmatig bruin worden. Leg de ribben in een rechthoekige ovenschaal van 3 kwart gallon.

2. Voeg voor saus sinaasappelsap toe aan de koekenpan en roer om alle gebruinde stukjes eruit te schrapen. Roer de 1½ kopjes BBQ-saus erdoor. Schenk de saus over de

ribben. Draai de ribben om zodat ze bedekt zijn met saus (gebruik indien nodig een deegborstel om de saus over de ribben te borstelen). Dek de ovenschaal goed af met aluminiumfolie.

3. Bak de ribben 1 uur. Verwijder de folie en bestrijk de ribben met saus uit de ovenschaal. Bak nog ongeveer 15 minuten of tot de ribben zacht en bruin zijn en de saus iets is ingedikt.

4. Ondertussen, voor ananassla, combineer kool, wortelen, ananas en Bright Citrus Vinaigrette. Dek af en zet in de koelkast tot het moment van serveren.

5. Serveer de spareribs met sla en eventueel extra BBQ Saus.

PITTIGE VARKENSGOULASH

VOORBEREIDEN:20 minuten koken: 40 minuten maakt: 6 porties

DEZE STOOFPOT IN HONGAARSE STIJL WORDT GESERVEERDOP EEN BEDJE VAN KROKANTE, NAUWELIJKS VERWELKTE KOOL VOOR EEN MAALTIJD. PLET DE KARWIJZAADJES IN EEN VIJZEL EN STAMPER ALS JE DIE HEBT. ZO NIET, PLET ZE DAN ONDER DE BREDE KANT VAN EEN KOKSMES DOOR ZACHTJES MET JE VUIST OP HET MES TE DRUKKEN.

GOULASH

1½ pond gemalen varkensvlees

2 kopjes gehakte rode, oranje en/of gele paprika's

¾ kopje fijngehakte rode ui

1 kleine verse rode chili, zonder zaadjes en fijngehakt (zietip)

4 theelepels Rokerige Kruiden (zierecept)

1 theelepel karwijzaad, gekneusd

¼ theelepel gemalen marjolein of oregano

1 14-ounce blik zonder zout in blokjes gesneden tomaten, ongedraineerd

2 eetlepels rode wijnazijn

1 eetlepel fijn geraspte citroenschil

⅓ kopje geknipte verse peterselie

KOOL

2 eetlepels olijfolie

1 middelgrote ui, gesnipperd

1 kleine kop groene of rode kool, klokhuis verwijderd en in dunne plakjes gesneden

1. Kook voor de goulash in een grote Nederlandse oven gemalen varkensvlees, paprika en ui op middelhoog vuur gedurende 8 tot 10 minuten of tot het varkensvlees niet langer roze is en de groenten knapperig zijn, roer met een houten lepel vlees te breken. Giet het vet af. Zet het vuur

laag; voeg rode chili, Smoky Seasoning, karwijzaad en marjolein toe. Dek af en kook gedurende 10 minuten. Voeg ongedraineerde tomaten en azijn toe. Breng aan de kook; verminder hitte. Sudderen, afgedekt, gedurende 20 minuten.

2. Ondertussen, voor kool, in een extra grote koekenpan olie verhitten op middelhoog vuur. Voeg ui toe en kook tot ze zacht zijn, ongeveer 2 minuten. Voeg kool toe; roer om te combineren. Zet het vuur laag. Kook ongeveer 8 minuten of tot de kool net zacht is, af en toe roeren.

3. Leg voor het serveren wat van het koolmengsel op een bord. Garneer met goulash en bestrooi met citroenschil en peterselie.

ITALIAANSE WORST GEHAKTBALLETJES MARINARA MET GESNEDEN VENKEL EN UI SAUTÉ

VOORBEREIDEN:30 minuten bakken: 30 minuten koken: 40 minuten maakt: 4 tot 6 porties

DIT RECEPT IS EEN ZELDZAAM VOORBEELDVAN EEN INGEBLIKT PRODUCT DAT NET ZO GOED WERKT ALS - ZO NIET BETER DAN - DE VERSE VERSIE. TENZIJ JE TOMATEN HEBT DIE HEEL, HEEL RIJP ZIJN, KRIJG JE NIET ZO'N GOEDE CONSISTENTIE IN EEN SAUS MET VERSE TOMATEN ALS MET TOMATEN UIT BLIK. ZORG ER WEL VOOR DAT U EEN PRODUCT ZONDER ZOUT GEBRUIKT - EN, NOG BETER, BIOLOGISCH.

GEHAKTBALLEN

2 grote eieren

½ kopje amandelmeel

8 teentjes knoflook, fijngehakt

6 eetlepels droge witte wijn

1 eetlepel paprika

2 theelepels zwarte peper

1 theelepel venkelzaad, licht gekneusd

1 theelepel gedroogde oregano, geplet

1 theelepel gedroogde tijm, geplet

¼ tot ½ theelepel cayennepeper

1½ pond gemalen varkensvlees

MARINARA

2 eetlepels olijfolie

2 blikken van 15 ounce zonder gezouten geplette tomaten of een blik van 28 ounce zonder geplette tomaten

½ kopje geknipte verse basilicum

3 middelgrote venkelknollen, gehalveerd, klokhuis en in dunne plakjes gesneden

1 grote zoete ui, gehalveerd en in dunne plakjes gesneden

1. Verwarm de oven voor op 375 ° F. Bekleed een groot omrande bakplaat met bakpapier; opzij zetten. Klop in een grote kom de eieren, het amandelmeel, 6 teentjes knoflook, 3 eetlepels wijn, de paprika, 1½ theelepel zwarte peper, het venkelzaad, oregano, tijm en cayennepeper door elkaar. Voeg het varkensvlees toe; goed mengen. Vorm het varkensvleesmengsel in gehaktballetjes van 1½ inch (zou ongeveer 24 gehaktballen moeten hebben); schik in een enkele laag op de voorbereide bakplaat. Bak ongeveer 30 minuten of tot ze lichtbruin zijn, draai ze een keer om tijdens het bakken.

2. Ondertussen, voor marinarasaus, in een Nederlandse oven van 4 tot 6 liter, verwarm 1 eetlepel olijfolie. Voeg de 2 overgebleven teentjes gehakte knoflook toe; kook ongeveer 1 minuut of tot ze net bruin beginnen te worden. Voeg snel de resterende 3 eetlepels wijn, de geplette tomaten en de basilicum toe. Breng aan de kook; verminder hitte. Sudderen, onbedekt, gedurende 5 minuten. Roer de gekookte gehaktballetjes voorzichtig door de marinarasaus. Dek af en laat 25 tot 30 minuten sudderen.

3. Verhit ondertussen in een grote koekenpan de resterende 1 eetlepel olijfolie op middelhoog vuur. Roer de gesneden venkel en ui erdoor. Kook 8 tot 10 minuten of tot ze zacht en lichtbruin zijn, onder regelmatig roeren. Breng op smaak met de resterende ½ theelepel zwarte peper. Serveer de gehaktballetjes en de marinarasaus over de venkel en ui sauteer.

MET VARKENSVLEES GEVULDE COURGETTEBOTEN MET BASILICUM EN PIJNBOOMPITTEN

VOORBEREIDEN:20 minuten koken: 22 minuten bakken: 20 minuten maakt: 4 porties

KINDEREN ZULLEN DOL ZIJN OP DIT LEUKE GERECHTVAN UITGEHOLDE COURGETTE GEVULD MET GEMALEN VARKENSVLEES, TOMATEN EN PAPRIKA'S. ROER ER EVENTUEEL 3 EETLEPELS BASILICUMPESTO DOOR (ZIE<u>RECEPT</u>) IN PLAATS VAN DE VERSE BASILICUM, PETERSELIE EN PIJNBOOMPITTEN.

2 middelgrote courgettes

1 eetlepel extra vierge olijfolie

12 ons gemalen varkensvlees

¾ kopje gesnipperde ui

2 teentjes knoflook, fijngehakt

1 kop gehakte tomaten

⅔ kopje fijngehakte gele of oranje paprika

1 theelepel venkelzaad, licht gekneusd

½ theelepel gemalen rode pepervlokken

¼ kopje geknipte verse basilicum

3 eetlepels geknipte verse peterselie

2 eetlepels pijnboompitten, geroosterd (zie<u>tip</u>) en grof gesneden

1 theelepel fijn geraspte citroenschil

1. Verwarm de oven voor op 350 ° F. Halveer de courgette in de lengte en schraap voorzichtig het midden eruit, laat een -inch dikke schil over. Snijd de courgettepulp grof en zet apart. Leg de courgettehelften met de snijkanten naar boven op een met folie beklede bakplaat.

2. Verhit voor het vullen in een grote koekenpan de olijfolie op middelhoog vuur. Voeg gemalen varkensvlees toe; kook tot het niet meer roze is, roer met een houten lepel om het vlees te breken. Giet het vet af. Zet het vuur lager tot medium. Voeg de gereserveerde courgettepulp, ui en knoflook toe; kook en roer ongeveer 8 minuten of tot de ui zacht is. Roer de tomaten, paprika, venkelzaad en gemalen rode peper erdoor. Kook ongeveer 10 minuten of tot de tomaten zacht zijn en beginnen af te breken. Haal de pan van het vuur. Roer de basilicum, peterselie, pijnboompitten en citroenschil erdoor. Verdeel de vulling over de courgetteschelpen, licht ophopend. Bak gedurende 20 tot 25 minuten of tot de courgetteschelpen knapperig zijn.

CURRIED VARKENSVLEES EN ANANAS "NOODLE" BOWLS MET KOKOSMELK EN KRUIDEN

VOORBEREIDEN:30 minuten koken: 15 minuten bakken: 40 minuten maakt: 4 portiesFOTO

1 grote spaghettipompoen

2 eetlepels geraffineerde kokosolie

1 pond gemalen varkensvlees

2 eetlepels fijngehakte lente-uitjes

2 eetlepels vers limoensap

1 eetlepel fijngehakte verse gember

6 teentjes knoflook, fijngehakt

1 eetlepel fijngehakt citroengras

1 eetlepel zonder zout toegevoegd rode currypoeder in Thaise stijl

1 kop gehakte rode paprika

1 kop gesnipperde ui

½ kopje julienne gesneden wortel

1 baby paksoi, in plakjes (3 kopjes)

1 kop gesneden verse champignons

1 of 2 Thaise vogelpepers, in dunne plakjes gesneden (zietip)

1 13,5-ounce kan natuurlijke kokosmelk (zoals Nature's Way)

½ kopje kippenbottenbouillon (zierecept) of zonder zout toegevoegde kippenbouillon

¼ kopje vers ananassap

3 eetlepels ongezouten cashewboter zonder toegevoegde olie

1 kop in blokjes gesneden verse ananas, in blokjes

partjes limoen

Verse koriander, munt en/of Thaise basilicum

Gehakte geroosterde cashewnoten

1. Verwarm de oven voor op 400 ° F. Magnetron spaghettipompoen op de hoogste stand gedurende 3 minuten. Snijd de pompoen voorzichtig in de lengte doormidden en schraap de zaadjes eruit. Wrijf 1 eetlepel kokosolie over de gesneden zijkanten van de pompoen. Leg de pompoenhelften met de snijkanten naar beneden op een bakplaat. Bak 40 tot 50 minuten of tot de pompoen gemakkelijk kan worden doorboord met een mes. Gebruik de tanden van een vork om het vruchtvlees uit de schelpen te schrapen en warm te houden tot het klaar is om te serveren.

2. Meng ondertussen in een middelgrote kom het varkensvlees, lente-uitjes, limoensap, gember, knoflook, citroengras en kerriepoeder; goed mengen. Verhit in een extra grote koekenpan de resterende 1 eetlepel kokosolie op middelhoog vuur. Voeg varkensvleesmengsel toe; kook tot het niet meer roze is, roer met een houten lepel om het vlees te breken. Voeg de paprika, ui en wortel toe; kook en roer ongeveer 3 minuten of tot de groenten knapperig zijn. Roer de paksoi, champignons, chilipepers, kokosmelk, kippenbottenbouillon, ananassap en cashewboter erdoor. Breng aan de kook; verminder hitte. Voeg ananas toe; sudderen, onbedekt, tot het is opgewarmd.

3. Verdeel de spaghettipompoen over vier serveerschalen om te serveren. Schep het gecurryde varkensvlees over de pompoen. Serveer met partjes limoen, kruiden en cashewnoten.

PITTIGE GEGRILDE VARKENSPASTEITJES MET PITTIGE KOMKOMMERSALADE

VOORBEREIDEN:30 minuten grill: 10 minuten staan: 10 minuten maakt: 4 porties

DE KNAPPERIGE KOMKOMMERSALADEOP SMAAK GEBRACHT MET VERSE MUNT IS EEN VERKOELENDE EN VERFRISSENDE AANVULLING OP DE PITTIGE VARKENSBURGERS.

⅓ kopje olijfolie

¼ kopje gehakte verse munt

3 eetlepels witte wijnazijn

8 teentjes knoflook, fijngehakt

¼ theelepel zwarte peper

2 middelgrote komkommers, zeer dun gesneden

1 kleine ui, in dunne reepjes gesneden (ongeveer ½ kopje)

1¼ tot 1½ pond gemalen varkensvlees

¼ kopje gehakte verse koriander

1 tot 2 middelgrote verse jalapeño of serrano chili pepers, zonder zaadjes (indien gewenst) en fijngehakt (zietip)

2 middelgrote rode paprika's, zonder zaadjes en in vieren

2 theelepels olijfolie

1. Klop in een grote kom ⅓ kopje olijfolie, munt, azijn, 2 teentjes gehakte knoflook en de zwarte peper door elkaar. Voeg gesneden komkommer en ui toe. Gooi tot ze goed bedekt zijn. Dek af en laat afkoelen tot het klaar is om te serveren, roer een of twee keer.

2. Meng in een grote kom varkensvlees, koriander, chilipeper en de resterende 6 teentjes gehakte knoflook. Vorm in

vier ¾-inch dikke pasteitjes. Bestrijk de peperkwarten licht met de 2 theelepels olijfolie.

3. Voor een houtskool- of gasgrill, plaats de pasteitjes en paprikakwarten direct op middelhoog vuur. Dek af en grill tot een direct afleesbare thermometer die in de zijkanten van de varkenspasteitjes is gestoken, 160 ° F registreert en de peperkwarten zacht en licht verkoold zijn, waarbij de pasteitjes en peperkwarten eenmaal halverwege het grillen worden omgedraaid. Wacht 10 tot 12 minuten voor pasteitjes en 8 tot 10 minuten voor de peperkwarten.

4. Als de peperkwarten klaar zijn, wikkel ze dan in een stuk folie om ze volledig in te sluiten. Laat ongeveer 10 minuten staan of tot het voldoende is afgekoeld om te verwerken. Trek met een scherp mes voorzichtig de schil van de peper eraf. Snijd de paprika in de lengte doormidden.

5. Om te serveren de komkommersalade doorroeren en gelijkmatig op vier grote serveerschalen scheppen. Voeg een varkenspasteitje toe aan elk bord. Stapel de plakjes rode paprika gelijkmatig op de pasteitjes.

COURGETTE-KORSTPIZZA MET ZONGEDROOGDE TOMATENPESTO, PAPRIKA EN ITALIAANSE WORST

VOORBEREIDEN:30 minuten koken: 15 minuten bakken: 30 minuten maakt: 4 porties

DIT IS PIZZA MET MES EN VORK.ZORG ERVOOR DAT U DE WORST EN PAPRIKA'S LICHTJES IN DE MET PESTO BEKLEDE KORST DRUKT, ZODAT DE TOPPINGS VOLDOENDE HECHTEN ZODAT DE PIZZA NETJES KAN WORDEN GESNEDEN.

2 eetlepels olijfolie

1 eetlepel fijngemalen amandelen

1 groot ei, licht geklopt

½ kopje amandelmeel

1 eetlepel geknipte verse oregano

¼ theelepel zwarte peper

3 teentjes knoflook, fijngehakt

3½ kopjes geraspte courgette (2 medium)

Italiaanse Worst (zierecept, onderstaand)

1 eetlepel extra vierge olijfolie

1 paprika (geel, rood of de helft van elk), zonder zaadjes en in zeer dunne reepjes gesneden

1 kleine ui, in dunne plakjes gesneden

Zongedroogde Tomatenpesto (zierecept, onderstaand)

1. Verwarm de oven voor op 425 ° F. Borstel een 12-inch pizzapan met de 2 eetlepels olijfolie. Bestrooi met gemalen amandelen; opzij zetten.

2. Voor korst, combineer in een grote kom ei, amandelmeel, oregano, zwarte peper en knoflook. Leg de geraspte

courgette in een schone handdoek of een stuk kaasdoek.
Wikkel strak

LAMSBOUT MET GEROOKTE CITROEN-KORIANDER EN GEGRILDE ASPERGES

WEKEN:30 minuten voorbereiding: 20 minuten grill: 45 minuten staan: 10 minuten maakt: 6 tot 8 porties

EENVOUDIG MAAR ELEGANT, DIT GERECHT BESCHIKT OVERTWEE INGREDIËNTEN DIE IN HET VOORJAAR GOED TOT HUN RECHT KOMEN: LAM EN ASPERGES. HET ROOSTEREN VAN DE KORIANDERZAADJES VERSTERKT DE WARME, AARDSE, LICHT PITTIGE SMAAK.

1 kopje hickory-houtsnippers

2 eetlepels korianderzaad

2 eetlepels fijn geraspte citroenschil

1½ theelepel zwarte peper

2 eetlepels geknipte verse tijm

1 lamsbout zonder been van 2 tot 3 pond

2 bosjes verse asperges

1 eetlepel olijfolie

¼ theelepel zwarte peper

1 citroen, in vieren gesneden

1. Minstens 30 minuten voor het roken in een kom, laat de hickorychips in voldoende water weken om onder te staan; opzij zetten. Rooster ondertussen in een kleine koekenpan korianderzaadjes op middelhoog vuur ongeveer 2 minuten of tot ze geurig en knetterend zijn, onder regelmatig roeren. Verwijder zaden uit de pan; laten afkoelen. Als de zaden zijn afgekoeld, plet ze dan grof in een vijzel en stamper (of plaats de zaden op een snijplank en plet ze met de achterkant van een houten

lepel). Meng in een kleine kom gemalen korianderzaad, citroenschil, de 1½ theelepel peper en tijm; opzij zetten.

2. Verwijder het gaas van het lamsgebraad, indien aanwezig. Open het gebraad op een werkvlak, met de vette kant naar beneden. Strooi de helft van het kruidenmengsel over het vlees; wrijf in met je vingers. Rol het gebraad op en bind het vast met vier tot zes stukken keukentouw van 100% katoen. Strooi het resterende kruidenmengsel over de buitenkant van het gebraad en druk licht aan om te hechten.

3. Voor een houtskoolgrill, schik de middelhete kolen rond een lekbak. Test op middelhoog vuur boven de pan. Strooi de uitgelekte houtsnippers over de kolen. Leg de lamsbout op het grillrooster boven de lekbak. Dek af en rook gedurende 40 tot 50 minuten voor medium (145 ° F). (Voor een gasgrill, de grill voorverwarmen. Zet het vuur lager tot medium. Pas het aan voor indirect koken. Rook zoals hierboven, maar voeg uitgelekte houtsnippers toe volgens de aanwijzingen van de fabrikant.) Bedek het gebraad losjes met folie. Laat 10 minuten staan alvorens aan te snijden.

4. Snijd ondertussen de houtachtige uiteinden van de asperges. Gooi asperges in een grote kom met olijfolie en de ¼ theelepel peper. Leg de asperges langs de buitenranden van de grill, direct boven de kolen en loodrecht op het grillrooster. Dek af en gril 5 tot 6 minuten tot ze knapperig zijn. Knijp de partjes citroen uit over de asperges.

5. Verwijder het touwtje van het lamsgebraad en snijd het vlees in dunne plakjes. Serveer vlees met gegrilde asperges.

LAM HOT POT

VOORBEREIDEN:30 minuten koken: 2 uur 40 minuten maakt: 4 porties

OPWARMEN MET DEZE HARTIGE STAMPPOTOP EEN HERFST- OF WINTERNACHT. DE STOOFPOT WORDT GESERVEERD MET EEN FLUWEELZACHTE PUREE VAN KNOLSELDERIJ EN PASTINAAK, OP SMAAK GEBRACHT MET MOSTERD IN DIJON-STIJL, CASHEWROOM EN BIESLOOK. LET OP: KNOLSELDERIJ WORDT SOMS KNOLSELDERIJ GENOEMD.

10 zwarte peperkorrels

6 salieblaadjes

3 hele piment

2 2-inch reepjes sinaasappelschil

2 pond lamsschouder zonder been

3 eetlepels olijfolie

2 middelgrote uien, grof gesneden

1 14,5-ounce blik zonder zout in blokjes gesneden tomaten, ongedraineerd

1½ kopjes runderbottenbouillon (zierecept) of zonder zout toegevoegde runderbouillon

¾ kopje droge witte wijn

3 grote teentjes knoflook, geplet en gepeld

2 pond knolselderij, geschild en in blokjes van 1 inch gesneden

6 middelgrote pastinaken, geschild en in plakjes van 1 inch gesneden (ongeveer 2 pond)

2 eetlepels olijfolie

2 eetlepels Cashew Cream (zierecept)

1 eetlepel Dijon-Style Mosterd (zierecept)

¼ kopje geknipte bieslook

1. Snijd voor het bouquet garni een stuk kaasdoek van 7 inch. Plaats peperkorrels, salie, piment en sinaasappelschil in het midden van kaasdoek. Til de hoeken van de kaasdoek

op en knoop stevig vast met schoon keukentouw van 100% katoen. Opzij zetten.

2. Snijd vet van lamsschouder; snijd lamsvlees in stukjes van 1 inch. Verhit in een Nederlandse oven de 3 eetlepels olijfolie op middelhoog vuur. Kook lamsvlees, indien nodig in porties, in hete olie tot het bruin is; uit de pan halen en warm houden. Voeg uien toe aan de pan; kook 5 tot 8 minuten of tot ze zacht en lichtbruin zijn. Voeg bouquet garni, ongedraineerde tomaten, 1¼ kopje runderboterbouillon, wijn en knoflook toe. Breng aan de kook; verminder hitte. Sudderen, afgedekt, gedurende 2 uur, af en toe roeren. Verwijder en gooi bouquet garni weg.

3. Ondertussen, voor puree, plaats knolselderij en pastinaak in een grote soeppan; afdekken met water. Breng aan de kook op middelhoog vuur; zet het vuur laag. Dek af en laat 30 tot 40 minuten zachtjes sudderen of tot de groenten heel zacht zijn als ze met een vork worden doorboord. Droogleggen; doe groenten in een keukenmachine. Voeg de resterende ¼ kopje Beef Bone Bouillon en de 2 eetlepels olie toe; pulseer tot de puree bijna glad is maar nog wat textuur heeft, stop een of twee keer om de zijkanten af te schrapen. Breng de puree over in een kom. Roer de cashewroom, mosterd en bieslook erdoor.

4. Om te serveren, verdeel de puree over vier kommen; top met Lamb Hot Pot.

LAMSSTOOFPOT MET SELDERIJ-WORTELNOEDELS

VOORBEREIDEN:30 minuten bakken: 1 uur 30 minuten maakt: 6 porties

KNOLSELDERIJ NEEMT EEN HEEL ANDERE WEG INVORMEN IN DEZE STOOFPOT DAN IN DE LAMB HOT POT (ZIERECEPT). EEN MANDOLINESCHAAF WORDT GEBRUIKT OM ZEER DUNNE REEPJES VAN DE ZOETE EN NOOTACHTIG SMAKENDE WORTEL TE MAKEN. DE "NOEDELS" SUDDEREN IN DE STOOFPOT TOT ZE ZACHT ZIJN.

2 theelepels Citroen-Kruidenkruiden (zierecept)

1½ pond lamsstoofvlees, in blokjes van 1 inch gesneden

2 eetlepels olijfolie

2 kopjes gehakte uien

1 kop gehakte wortelen

1 kop in blokjes gesneden rapen

1 eetlepel gehakte knoflook (6 teentjes)

2 eetlepels tomatenpuree zonder toegevoegde zout

½ kopje droge rode wijn

4 kopjes Runderbottenbouillon (zierecept) of zonder zout toegevoegde runderbouillon

1 laurierblad

2 kopjes 1-inch blokjes butternut squash

1 kop in blokjes gesneden aubergine

1 pond knolselderij, geschild

Gehakte verse peterselie

1. Verwarm de oven voor op 250 ° F. Strooi Lemon-Herb Seasoning gelijkmatig over het lamsvlees. Gooi voorzichtig om te coaten. Verwarm een Nederlandse oven van 6 tot 8 kwart gallon op middelhoog vuur. Voeg 1 eetlepel olijfolie en de helft van het gekruide lamsvlees toe aan de Dutch

Oven. Bruin vlees aan alle kanten in hete olie; leg het gebruinde vlees op een bord en herhaal met de resterende lams- en olijfolie. Zet het vuur lager tot medium.

2. Voeg uien, wortelen en rapen toe aan de pot. Kook en roer groenten gedurende 4 minuten; voeg knoflook en tomatenpuree toe en kook nog 1 minuut. Voeg rode wijn, Beef Bone Broth, laurier en gereserveerd vlees en eventuele opgehoopte sappen toe aan de pot. Breng het mengsel aan de kook. Dek af en plaats de Nederlandse oven in de voorverwarmde oven. Bak gedurende 1 uur. Roer de pompoen en aubergine erdoor. Keer terug naar de oven en bak nog 30 minuten.

3. Terwijl de stoofpot in de oven staat, gebruik je een mandoline om de knolselderij heel dun te snijden. Snijd plakjes bleekselderij in reepjes van inch breed. (Je zou ongeveer 4 kopjes moeten hebben.) Roer de reepjes bleekselderij door de stoofpot. Laat ongeveer 10 minuten sudderen of tot ze gaar zijn. Verwijder het laurierblad en gooi het weg voordat u de stoofpot serveert. Bestrooi elke portie met gehakte peterselie.

GEFRITUURDE LAMSKOTELETTEN MET GRANAATAPPEL-DADELCHUTNEY

VOORBEREIDEN:10 minuten koken: 18 minuten afkoelen: 10 minuten maakt: 4 porties

DE TERM "FRANS" VERWIJST NAAR EEN RIBBOTWAARVAN VET, VLEES EN BINDWEEFSEL ZIJN VERWIJDERD MET EEN SCHERP MES. HET ZORGT VOOR EEN AANTREKKELIJKE PRESENTATIE. VRAAG UW SLAGER OM HET TE DOEN OF U KUNT HET ZELF DOEN.

CHUTNEY

½ kopje ongezoet granaatappelsap

1 eetlepel vers citroensap

1 sjalot, gepeld en in dunne ringen gesneden

1 theelepel fijn geraspte sinaasappelschil

⅓ kopje gehakte Medjool-dadels

¼ theelepel gemalen rode peper

¼ kopje granaatappelpitten*

1 eetlepel olijfolie

1 eetlepel gehakte verse Italiaanse (platbladige) peterselie

LAMSKOTELETJES

2 eetlepels olijfolie

8 gefrituurde lamsribstukken

1. Meng voor de chutney in een kleine koekenpan granaatappelsap, citroensap en sjalot. Breng aan de kook; verminder hitte. Sudderen, onbedekt, gedurende 2 minuten. Voeg sinaasappelschil, dadels en gemalen rode peper toe. Laat staan tot het is afgekoeld, ongeveer 10 minuten. Roer de granaatappelpitjes, de 1 eetlepel olijfolie

en de peterselie erdoor. Zet op kamertemperatuur tot het serveren.

2. Verhit voor de karbonades in een grote koekenpan de 2 eetlepels olijfolie op middelhoog vuur. Werk in batches, voeg karbonades toe aan de koekenpan en kook 6 tot 8 minuten voor medium rare (145 ° F), één keer draaien. Topkarbonades met chutney.

*Opmerking: Verse granaatappels en hun zaadjes of zaden zijn verkrijgbaar van oktober tot februari. Als je ze niet kunt vinden, gebruik dan ongezoete gedroogde zaden om de chutney knapperig te maken.

CHIMICHURRI LAMSLENDEKOTELETTEN MET GEBAKKEN RADICCHIO SLAW

VOORBEREIDEN:30 minuten marineren: 20 minuten koken: 20 minuten maakt: 4 porties

IN ARGENTINIË IS CHIMICHURRI DE MEEST POPULAIRE SMAAKMAKERBIJ DE BEROEMDE GEGRILDE STEAK IN GAUCHO-STIJL VAN DAT LAND. ER ZIJN VEEL VARIATIES, MAAR DE DIKKE KRUIDENSAUS IS MEESTAL OPGEBOUWD ROND PETERSELIE, KORIANDER OF OREGANO, SJALOTTEN EN/OF KNOFLOOK, GEMALEN RODE PEPER, OLIJFOLIE EN RODE WIJNAZIJN. HET IS GEWELDIG OP GEGRILDE STEAK, MAAR EVEN BRILJANT OP GEROOSTERDE OF IN DE PAN AANGEBRADEN LAMSKOTELETTEN, KIP EN VARKENSVLEES.

8 lamslendekoteletten, 1 inch dik gesneden

½ kopje Chimichurri-saus (zierecept)

2 eetlepels olijfolie

1 zoete ui, gehalveerd en in plakjes

1 theelepel komijnzaad, geplet*

1 teentje knoflook, fijngehakt

1 kop radicchio, klokhuis verwijderd en in dunne linten gesneden

1 eetlepel balsamico azijn

1. Leg de lamskoteletjes in een extra grote kom. Besprenkel met 2 eetlepels chimichurrisaus. Wrijf met je vingers de saus over het hele oppervlak van elke karbonade. Laat de karbonades 20 minuten marineren op kamertemperatuur.

2. Verwarm intussen voor gesauteerde radicchio-slaw in een extra grote koekenpan 1 eetlepel olijfolie. Voeg ui, komijnzaad en knoflook toe; kook gedurende 6 tot 7

minuten of tot de ui zacht wordt, onder regelmatig roeren. Voeg radicchio toe; kook gedurende 1 tot 2 minuten of tot radicchio net een beetje verwelkt. Breng slaw over naar een grote kom. Voeg balsamicoazijn toe en roer goed door elkaar. Dek af en houd warm.

3. Veeg de koekenpan schoon. Voeg de resterende 1 eetlepel olijfolie toe aan de pan en verwarm op middelhoog vuur. Voeg de lamskoteletjes toe; verminder het vuur tot medium. Kook gedurende 9 tot 11 minuten of tot de gewenste gaarheid, draai de karbonades af en toe met een tang.

4. Serveer de karbonades met de sla en de resterende chimichurrisaus.

*Opmerking: om komijnzaad te pletten, gebruikt u een vijzel en stamper - of plaats de zaden op een snijplank en plet ze met een koksmes.

MET ANCHO-EN-SALIE GEWREVEN LAMSKOTELETTEN MET WORTEL-ZOETE AARDAPPEL REMOULADE

VOORBEREIDEN:12 minuten chill: 1 tot 2 uur grill: 6 minuten maakt: 4 porties

ER ZIJN DRIE SOORTEN LAMSKOTELETTEN.DIKKE EN VLEZIGE KARBONADES ZIEN ERUIT ALS KLEINE T-BONE STEAKS. RIBKARBONADES - HIER GEVRAAGD - WORDEN GEMAAKT DOOR TUSSEN DE BOTTEN VAN EEN LAMSRACK TE SNIJDEN. ZE ZIJN ERG MALS EN HEBBEN EEN LANG, AANTREKKELIJK BOT AAN DE ZIJKANT. ZE WORDEN VAAK AANGEBRADEN OF GEGRILD GESERVEERD. BUDGETVRIENDELIJKE SCHOUDERKOTELETTEN ZIJN WAT VETTER EN MINDER MALS DAN DE ANDERE TWEE SOORTEN. ZE WORDEN HET BEST BRUIN EN VERVOLGENS GESTOOFD IN WIJN, BOUILLON EN TOMATEN - OF EEN COMBINATIE DAARVAN.

3 middelgrote wortelen, grof gescheurd

2 kleine zoete aardappelen, julienne gesneden* of grof gesneden

½ kopje Paleo Mayo (zierecept)

2 eetlepels vers citroensap

2 theelepels Dijon-stijl mosterd (zierecept)

2 eetlepels geknipte verse peterselie

½ theelepel zwarte peper

8 lamsribstukken, gesneden tot ¾ inch dik

2 eetlepels gesneden verse salie of 2 theelepels gedroogde salie, geplet

2 theelepels gemalen ancho chili peper

½ theelepel knoflookpoeder

1. Meng voor de remoulade in een middelgrote kom wortelen en zoete aardappelen. Roer in een kleine kom Paleo Mayo, citroensap, Dijon-stijl mosterd, peterselie en zwarte peper

door elkaar. Giet over wortelen en zoete aardappelen; gooi om te coaten. Dek af en laat 1 tot 2 uur afkoelen.

2. Meng ondertussen in een kleine kom salie, ancho chili en knoflookpoeder. Wrijf het kruidenmengsel over de lamskoteletjes.

3. Plaats voor een houtskool- of gasgrill de lamskoteletten op een grillrek direct op middelhoog vuur. Dek af en grill gedurende 6 tot 8 minuten voor medium rood (145 ° F) of 10 tot 12 minuten voor medium (150 ° F), eenmaal halverwege het grillen.

4. Serveer de lamskoteletjes met de remoulade.

*Let op: Gebruik een mandoline met julienne opzetstuk om de zoete aardappelen te snijden.

LAMSKOTELETTEN MET SJALOT, MUNT EN OREGANO RUB

VOORBEREIDEN:20 minuten marineren: 1 tot 24 uur braden: 40 minuten grill: 12 minuten maakt: 4 porties

ZOALS BIJ DE MEESTE GEMARINEERDE VLEESSOORTEN,HOE LANGER JE HET KRUID WRIJFT OP DE LAMSKOTELETTEN VOOR HET KOKEN, HOE SMAAKVOLLER ZE ZULLEN ZIJN. ER IS EEN UITZONDERING OP DEZE REGEL EN DAT IS WANNEER U EEN MARINADE GEBRUIKT DIE ZEER ZURE INGREDIËNTEN BEVAT, ZOALS CITROENSAP, AZIJN EN WIJN. ALS JE HET VLEES TE LANG IN EEN ZURE MARINADE LAAT LIGGEN, BEGINT HET AF TE BREKEN EN PAPPERIG TE WORDEN.

LAM

2 eetlepels fijngesneden sjalot

2 eetlepels fijngehakte verse munt

2 eetlepels fijngehakte verse oregano

5 theelepels Mediterrane Kruiden (zie_recept_)

4 theelepels olijfolie

2 teentjes knoflook, fijngehakt

8 lamsribstukken, ongeveer 2,5 cm dik gesneden

SALADE

¾ pond babybieten, bijgesneden

1 eetlepel olijfolie

¼ kopje vers citroensap

¼ kopje olijfolie

1 eetlepel fijngesneden sjalot

1 theelepel Dijon-stijl mosterd (zie_recept_)

6 kopjes gemengde groenten

4 theelepels geknipte bieslook

1. Meng voor het lamsvlees in een kleine kom 2 eetlepels sjalot, munt, oregano, 4 theelepels mediterrane kruiden en 4 theelepels olijfolie. Strooi rub over alle kanten van de lamskoteletten; wrijf in met je vingers. Plaats karbonades op een bord; dek af met plasticfolie en zet minimaal 1 uur in de koelkast of maximaal 24 uur om te marineren.

2. Voor salade, verwarm de oven voor op 400 ° F. Boen de bieten goed; in partjes snijden. Plaats in een ovenschaal van 2 kwart gallon. Besprenkel met de 1 eetlepel olijfolie. Bedek de schaal met folie. Rooster ongeveer 40 minuten of tot de bieten zacht zijn. Helemaal afkoelen. (Bieten kunnen tot 2 dagen van tevoren worden geroosterd.)

3. Meng in een pot met schroefdop citroensap, ¼ kopje olijfolie, 1 eetlepel sjalot, Dijon-stijl mosterd en de resterende 1 theelepel mediterrane kruiden. Dek af en schud goed. Combineer bieten en groenten in een slakom; meng met wat van de vinaigrette.

4. Plaats voor een houtskool- of gasgrill de karbonades op het ingevette grillrek direct op middelhoog vuur. Dek af en grill tot de gewenste gaarheid, draai halverwege het grillen eenmaal om. Wacht 12 tot 14 minuten voor medium rood (145 ° F) of 15 tot 17 minuten voor medium (160 ° F).

5. Leg voor het serveren 2 lamskoteletten en een deel van de salade op elk van de vier serveerborden. Bestrooi met bieslook. Passeer de resterende vinaigrette.

GEVULDE LAMSBURGERS MET RODE PEPER COULIS

VOORBEREIDEN:20 minuten staan: 15 minuten grill: 27 minuten maakt: 4 porties

EEN COULIS IS NIETS MEER DAN EEN SIMPELE, SMEUÏGE SAUSGEMAAKT VAN GEPUREERD FRUIT OF GROENTEN. DE HELDERE EN MOOIE RODE PEPERSAUS VOOR DEZE LAMBURGERS KRIJGT EEN DUBBELE DOSIS ROOK - VAN HET GRILLEN EN VAN EEN SHOT GEROOKTE PAPRIKA.

RODE PEPER COULIS

1 grote rode paprika

1 eetlepel droge witte wijn of witte wijnazijn

1 theelepel olijfolie

½ theelepel gerookte paprika

HAMBURGERS

¼ kopje geknipte ongezwavelde gedroogde tomaten

¼ kopje geraspte courgette

1 eetlepel geknipte verse basilicum

2 theelepels olijfolie

½ theelepel zwarte peper

1½ pond gemalen lamsvlees

1 eiwit, licht geklopt

1 eetlepel Mediterrane Kruiden (zierecept)

1. Plaats voor de rode paprikacoulis de rode paprika op het grillrooster direct op middelhoog vuur. Dek af en gril gedurende 15 tot 20 minuten of tot ze verkoold en zeer mals zijn, draai de peper ongeveer elke 5 minuten om aan elke kant te schroeien. Haal van de grill en plaats onmiddellijk in een papieren zak of folie om de paprika

volledig te omsluiten. Laat 15 minuten staan of tot het voldoende is afgekoeld om te verwerken. Trek voorzichtig de velletjes eraf met een scherp mes en gooi ze weg. Snijd de peper in de lengte doormidden en verwijder de stelen, zaden en membranen. Meng in een keukenmachine de geroosterde paprika, wijn, olijfolie en gerookte paprika. Dek af en verwerk of mix tot een gladde massa.

2. Doe ondertussen voor de vulling de gedroogde tomaten in een kleine kom en bedek ze met kokend water. Laat 5 minuten staan; droogleggen. Dep tomaten en geraspte courgette droog met keukenpapier. Roer in de kleine kom tomaten, courgette, basilicum, olijfolie en ¼ theelepel zwarte peper door elkaar; opzij zetten.

3. Meng in een grote kom gemalen lamsvlees, eiwit, resterende ¼ theelepel zwarte peper en mediterrane kruiden; goed mengen. Verdeel het vleesmengsel in acht gelijke porties en vorm elk tot een -inch dik pasteitje. Lepel het vullen op vier van de pasteitjes; top met de resterende pasteitjes en knijp de randen om de vulling te verzegelen.

4. Plaats de pasteitjes direct op het grillrooster op middelhoog vuur. Dek af en grill gedurende 12 tot 14 minuten of tot het gaar is (160 ° F), één keer halverwege het grillen.

5. Serveer de burgers met rode pepercoulis.

DUBBEL OREGANO LAM KABOBS MET TZATZIKI SAUS

WEKEN:30 minuten voorbereiding: 20 minuten chill: 30 minuten grill: 8 minuten maakt: 4 porties

DEZE LAMSKABOBS ZIJN IN WEZENWAT IN HET MIDDELLANDSE-ZEEGEBIED EN HET MIDDEN-OOSTEN BEKEND STAAT ALS KOFTA - GEKRUID GEHAKT (MEESTAL LAM OF RUNDVLEES) WORDT IN BALLEN OF ROND EEN SPIES GEVORMD EN VERVOLGENS GEGRILD. VERSE EN GEDROOGDE OREGANO GEVEN ZE EEN GEWELDIGE GRIEKSE SMAAK.

8 10-inch houten spiesen

LAM KABOBS

1½ pond mager gemalen lamsvlees

1 kleine ui, gesnipperd en droog geperst

1 eetlepel geknipte verse oregano

2 theelepel gedroogde oregano, geplet

1 theelepel zwarte peper

TZATZIKI-SAUS

1 kopje Paleo Mayo (zierecept)

½ grote komkommer, zonder zaadjes, in reepjes gesneden en droog geperst

2 eetlepels vers citroensap

1 teentje knoflook, fijngehakt

1. Week de spiesjes in voldoende water om ze 30 minuten te bedekken.

2. Meng voor lamskabobs in een grote kom gemalen lamsvlees, ui, verse en gedroogde oregano en peper; goed mengen. Verdeel het lamsmengsel in acht gelijke porties. Vorm elk

deel rond de helft van een spies en maak een blok van 5 ×
1-inch. Dek af en laat minstens 30 minuten afkoelen.

3. Ondertussen, voor Tzatziki-saus, combineer in een kleine
kom Paleo Mayo, komkommer, citroensap en knoflook.
Dek af en laat afkoelen tot serveren.

4. Plaats voor een houtskool- of gasgrill de lamskabobs op het
grillrek direct op middelhoog vuur. Dek af en gril
ongeveer 8 minuten voor medium (160 ° F), één keer
halverwege het grillen.

5. Serveer lamskabobs met Tzatziki-saus.

GEBRADEN KIP MET SAFFRAAN EN CITROEN

VOORBEREIDEN:15 minuten chill: 8 uur braden: 1 uur 15 minuten staan: 10 minuten maakt: 4 porties

SAFFRAAN IS DE GEDROOGDE MEELDRADENVAN EEN SOORT KROKUSBLOEM. HET IS PRIJZIG, MAAR EEN BEETJE GAAT EEN LANGE WEG. HET VOEGT ZIJN AARDSE, ONDERSCHEIDENDE SMAAK EN PRACHTIGE GELE TINT TOE AAN DEZE KNAPPERIGE GEBRADEN KIP.

1 hele kip van 4 tot 5 pond

3 eetlepels olijfolie

6 teentjes knoflook, geperst en gepeld

1½ eetlepel fijn geraspte citroenschil

1 eetlepel verse tijm

1½ theelepel gemalen zwarte peper

½ theelepel saffraandraadjes

2 laurierblaadjes

1 citroen, in vieren

1. Verwijder nek en ingewanden van kip; weggooien of bewaren voor een ander gebruik. Spoel de lichaamsholte van de kip; dep droog met keukenpapier. Knip overtollig vel of vet van de kip af.

2. Meng in een keukenmachine olijfolie, knoflook, citroenschil, tijm, peper en saffraan. Verwerk tot een gladde pasta.

3. Wrijf met de vingers pasta over de buitenkant van de kip en de binnenkant van de holte. Breng kip over naar een grote kom; dek af en zet minimaal 8 uur of een nacht in de koelkast.

4. Verwarm de oven voor op 425 ° F. Plaats citroenkwarten en laurierblaadjes in de holte van de kip. Bind de poten samen met keukentouw van 100% katoen. Stop de vleugels onder de kip. Steek een vleesthermometer voor in de oven in de binnenkant van de dijspier zonder het bot aan te raken. Leg de kip op een rooster in een grote braadslee.

5. Rooster gedurende 15 minuten. Verlaag de oventemperatuur tot 375 ° F. Rooster ongeveer 1 uur langer of tot de sappen helder zijn en de thermometer 175 ° F registreert. Tent kip met folie. Laat 10 minuten staan alvorens aan te snijden.

SPATCHCOCKED KIP MET JICAMA SLAW

VOORBEREIDEN:40 minuten grill: 1 uur 5 minuten staan: 10 minuten maakt: 4 porties

"SPATCHCOCK" IS EEN OUDE KOOKTERMDAT IS ONLANGS WEER IN GEBRUIK GENOMEN OM HET PROCES TE BESCHRIJVEN VAN HET SPLITSEN VAN EEN KLEINE VOGEL - ZOALS EEN KIP OF EEN KIP UIT CORNWALL - LANGS DE ACHTERKANT EN HET VERVOLGENS OPENEN EN PLATDRUKKEN ALS EEN BOEK OM HET SNELLER EN GELIJKMATIGER TE LATEN KOKEN. HET IS VERGELIJKBAAR MET VLINDEREN, MAAR VERWIJST ALLEEN NAAR PLUIMVEE.

KIP

1 poblano chili

1 eetlepel fijngesneden sjalot

3 teentjes knoflook, fijngehakt

1 theelepel fijn geraspte citroenschil

1 theelepel fijn geraspte limoenschil

1 theelepel Rokerige Kruiden (zierecept)

½ theelepel gedroogde oregano, geplet

½ theelepel gemalen komijn

1 eetlepel olijfolie

1 3- tot 3½-pond hele kip

SLA

½ van een middelgrote jicama, geschild en in juliennereepjes gesneden (ongeveer 3 kopjes)

½ kopje dun gesneden lente-uitjes (4)

1 Granny Smith-appel, geschild, klokhuis verwijderd en in juliennereepjes gesneden

⅓ kopje geknipte verse koriander

48

3 eetlepels vers sinaasappelsap

3 eetlepels olijfolie

1 theelepel Citroen-Kruidenkruiden (zie recept)

1. Voor een houtskoolgrill plaats je medium hete kolen aan één kant van de grill. Plaats een lekbak onder de lege kant van de grill. Plaats poblano op het grillrek direct boven middelgrote kolen. Dek af en gril gedurende 15 minuten of tot de poblano aan alle kanten verkoold is, af en toe draaien. Wikkel poblano onmiddellijk in folie; laat 10 minuten staan. Open de folie en snijd de poblano in de lengte doormidden; verwijder stengels en zaden (zie tip). Trek met een scherp mes de huid voorzichtig los en gooi deze weg. Hak de poblano fijn. (Voor een gasgrill, verwarm de grill voor; zet het vuur lager tot medium. Pas aan voor indirect koken. Grill zoals hierboven boven de brander die is ingeschakeld.)

2. Meng voor de rub in een kleine kom poblano, sjalot, knoflook, citroenschil, limoenschil, rokerige kruiden, oregano en komijn. Roer de olie erdoor; meng goed tot een pasta.

3. Om de kip te spatchcock, verwijder de nek en ingewanden van de kip (bewaar voor een ander gebruik). Leg de kip met de borst naar beneden op een snijplank. Gebruik een keukenschaar om een kant van de ruggengraat in de lengterichting in te snijden, beginnend bij het nekuiteinde. Herhaal de snede in de lengte naar de andere kant van de ruggengraat. Verwijder de ruggengraat en gooi deze weg. Draai de kip met de huid naar boven. Druk tussen de borsten naar beneden om het borstbeen te breken, zodat de kip plat ligt.

4. Begin bij de nek aan één kant van de borst, steek uw vingers tussen de huid en het vlees, waarbij u de huid losmaakt terwijl u naar de dij toe werkt. Maak de huid rond de dij vrij. Herhaal aan de andere kant. Wrijf met je vingers over het vlees onder de huid van de kip.

5. Leg de kip met de borst naar beneden op het grillrooster boven de lekbak. Gewicht met twee in folie verpakte stenen of een grote gietijzeren koekenpan. Dek af en gril gedurende 30 minuten. Draai de kip om, met de botkant naar beneden, op het rooster en weeg opnieuw met stenen of een koekenpan. Grill, afgedekt, ongeveer 30 minuten langer of tot de kip niet langer roze is (175 ° F in de dijspier). Haal de kip van de grill; laat 10 minuten staan. (Voor een gasgrill plaatst u de kip op het grillrooster, weg van het vuur. Grill zoals hierboven beschreven.)

6. Ondertussen, voor de slaw, combineer in een grote kom jicama, lente-uitjes, appel en koriander. Klop in een kleine kom sinaasappelsap, olie en citroen-kruidenkruiden door elkaar. Giet over het jicama-mengsel en gooi om te coaten. Serveer de kip bij de sla.

ACHTERHAND VAN GEROOSTERDE KIP MET WODKA, WORTEL EN TOMATENSAUS

VOORBEREIDEN:15 minuten koken: 15 minuten braden: 30 minuten maakt: 4 porties

WODKA KAN WORDEN GEMAAKT VAN VERSCHILLENDEVERSCHILLENDE VOEDINGSMIDDELEN, WAARONDER AARDAPPELEN, MAÏS, ROGGE, TARWE EN GERST, ZELFS DRUIVEN. HOEWEL ER NIET VEEL WODKA IN DEZE SAUS ZIT ALS JE HEM OVER VIER PORTIES VERDEELT, MOET JE OP ZOEK NAAR VOKDA GEMAAKT VAN AARDAPPELEN OF DRUIVEN OM PALEO-COMPATIBEL TE ZIJN.

3 eetlepels olijfolie

4 kippenachtervoeten met bot of vlezige stukjes kip, gevild

1 28-ounce blik zonder zout toegevoegde pruimtomaten, uitgelekt

½ kopje fijngehakte ui

½ kopje fijngehakte wortel

3 teentjes knoflook, fijngehakt

1 theelepel mediterrane kruiden (zie recept)

⅛ theelepel cayennepeper

1 takje verse rozemarijn

2 eetlepels wodka

1 eetlepel geknipte verse basilicum (optioneel)

1. Verwarm de oven voor op 375 ° F. Verhit in een extra grote koekenpan 2 eetlepels olie op middelhoog vuur. Voeg kip toe; kook ongeveer 12 minuten of tot ze bruin zijn en gelijkmatig bruin worden. Zet de pan in de voorverwarmde oven. Rooster, onbedekt, gedurende 20 minuten.

2. Gebruik intussen voor de saus een keukenschaar om de tomaten in stukken te snijden. Verhit in een middelgrote pan de resterende 1 eetlepel olie op middelhoog vuur. Voeg ui, wortel en knoflook toe; kook gedurende 3 minuten of tot ze gaar zijn, onder regelmatig roeren. Roer de gesnipperde tomaten, mediterrane kruiden, cayennepeper en rozemarijntwijg erdoor. Breng aan de kook op middelhoog vuur; verminder hitte. Sudderen, onbedekt, gedurende 10 minuten, af en toe roeren. Roer de wodka erdoor; kook nog 1 minuut; verwijder en gooi het takje rozemarijn weg.

3. Schep de saus over de kip in de koekenpan. Zet de pan terug in de oven. Rooster, afgedekt, ongeveer 10 minuten langer of tot de kip zacht is en niet langer roze (175 ° F). Bestrooi eventueel met basilicum.

POULET RÔTI EN RUTABAGA FRITES

VOORBEREIDEN:40 minuten bakken: 40 minuten maakt: 4 porties

DE KNAPPERIGE RUTABAGA-FRITES ZIJN HEERLIJK?GESERVEERD MET DE GEROOSTERDE KIP EN DE BIJBEHORENDE KOOKSAPPEN - MAAR ZE ZIJN EVEN LEKKER OP ZICHZELF EN GESERVEERD MET PALEO KETCHUP (ZIERECEPT) OF GESERVEERD OP BELGISCHE WIJZE MET PALEO AÏOLI (KNOFLOOKMAYONAISE, ZIERECEPT).

6 eetlepels olijfolie

1 eetlepel Mediterrane Kruiden (zierecept)

4 kippendijen met bot, gevild (ongeveer 1 ¼ pond in totaal)

4 kippendrumsticks, gevild (ongeveer 1 pond totaal)

1 kopje droge witte wijn

1 kop kippenbottenbouillon (zierecept) of zonder zout toegevoegde kippenbouillon

1 kleine ui, in vieren

Olijfolie

1½ tot 2 pond rutabagas

2 eetlepels geknipte verse bieslook

Zwarte peper

1. Verwarm de oven voor op 400 ° F. Meng in een kleine kom 1 eetlepel olijfolie en de mediterrane kruiden; wrijf op stukken kip. Verhit in een extra grote braadpan 2 eetlepels olie. Voeg stukjes kip toe, met de vlezige kanten naar beneden. Kook, onbedekt, ongeveer 5 minuten of tot ze bruin zijn. Haal de pan van het vuur. Draai de stukken kip om, met de bruine kant naar boven. Voeg wijn, kippenbottenbouillon en ui toe.

2. Plaats de koekenpan in de oven op het middelste rek. Bak, onbedekt, gedurende 10 minuten.

3. Bestrijk ondertussen voor frites een grote bakplaat licht met olijfolie; opzij zetten. Schil de koolraap. Snijd met een scherp mes de rutabagas in plakjes van inch. Snijd plakjes in de lengte in reepjes van inch. Meng in een grote kom de rutabaga-reepjes met de resterende 3 eetlepels olie. Verspreid koolraapreepjes in een enkele laag op de voorbereide bakplaat; plaats in de oven op het bovenste rek. Bak gedurende 15 minuten; draai de frietjes om. Bak de kip nog 10 minuten of tot hij niet meer roze is (175 ° F). Haal de kip uit de oven. Bak de frites 5 tot 10 minuten of tot ze bruin en zacht zijn.

4. Haal de kip en ui uit de pan en bewaar de sappen. Dek de kip en ui af om warm te blijven. Breng sappen aan de kook op middelhoog vuur; verminder hitte. Sudderen, onbedekt, ongeveer 5 minuten langer of tot de sappen iets zijn verminderd.

5. Meng de frites met bieslook en breng op smaak met peper. Serveer de kip met kooksappen en frites.

TRIPLE-MUSHROOM COQ AU VIN MET BIESLOOKPUREE RUTABAGAS

VOORBEREIDEN:15 minuten koken: 1 uur 15 minuten maakt: 4 tot 6 porties

ALS ER GRUIS IN DE KOM ZITNA HET WEKEN VAN DE GEDROOGDE PADDENSTOELEN - EN HET IS WAARSCHIJNLIJK DAT DIE ER ZULLEN ZIJN - ZEEF DE VLOEISTOF DOOR EEN DUBBELE DIKTE KAASDOEK IN EEN FIJNMAZIGE ZEEF.

1 ons gedroogde porcini of morieljes

1 kop kokend water

2 tot 2½ pond kippendijen en drumsticks, gevild

Zwarte peper

2 eetlepels olijfolie

2 middelgrote preien, in de lengte gehalveerd, afgespoeld en in dunne plakjes gesneden

2 portobello-champignons, in plakjes

8 ons verse oesterzwammen, met steel en in plakjes, of in plakjes gesneden verse champignons

¼ kopje tomatenpuree zonder zout

1 theelepel gedroogde marjolein, geplet

½ theelepel gedroogde tijm, geplet

½ kopje droge rode wijn

6 kopjes kippenbottenbouillon (zie recept) of zonder zout toegevoegde kippenbouillon

2 laurierblaadjes

2 tot 2½ pond rutabagas, geschild en gehakt

2 eetlepels geknipte verse bieslook

½ theelepel zwarte peper

Gesnipperde verse tijm (optioneel)

1. Meng in een kleine kom de eekhoorntjesbrood en het kokende water; laat 15 minuten staan. Verwijder de champignons, bewaar het weekvocht. Hak de

champignons. Zet de champignons en het weekvocht opzij.

2. Bestrooi de kip met peper. Verhit in een extra grote koekenpan met goed sluitend deksel 1 eetlepel olijfolie op middelhoog vuur. Kook de stukken kip, in twee porties, in hete olie ongeveer 15 minuten tot ze lichtbruin zijn en keer ze een keer om. Haal de kip uit de pan. Roer de prei, portobello-paddenstoelen en oesterzwammen erdoor. Kook 4 tot 5 minuten of totdat de champignons bruin beginnen te worden, af en toe roeren. Roer tomatenpuree, marjolein en tijm erdoor; kook en roer 1 minuut. Roer de wijn erdoor; kook en roer 1 minuut. Roer 3 kopjes Chicken Bone Broth, laurierblaadjes, ½ kopje van de gereserveerde champignonweekvloeistof en gerehydrateerde gehakte champignons erdoor. Doe de kip terug in de pan. Breng aan de kook; verminder hitte. Laat sudderen, afgedekt, ongeveer 45 minuten of tot de kip zacht is, draai de kip halverwege het koken een keer om.

3. Meng ondertussen in een grote pan rutabagas en de resterende 3 kopjes bouillon. Voeg indien nodig water toe om de rutabagas net te bedekken. Breng aan de kook; verminder hitte. Sudderen, onbedekt, gedurende 25 tot 30 minuten of tot rutabagas zacht zijn, af en toe roeren. Giet rutabagas af, bewaar vloeistof. Doe de rutabagas terug in de pan. Voeg de resterende 1 eetlepel olijfolie, de bieslook en de ½ theelepel peper toe. Gebruik een aardappelstamper en pureer het rutabaga-mengsel, voeg zo nodig kookvocht toe om de gewenste consistentie te verkrijgen.

4. Verwijder de laurierblaadjes van het kippenmengsel; weggooien. Serveer kip en saus over gepureerde rutabagas. Bestrooi eventueel met verse tijm.

PERZIK-BRANDEWIJN-GEGLAZUURDE DRUMSTOKKEN

VOORBEREIDEN:30 minuten grill: 40 minuten maakt: 4 porties

DEZE KIPPENPOTEN ZIJN PERFECTMET EEN KROKANTE SLAW EN DE PITTIGE OVENGEBAKKEN ZOETE AARDAPPELFRIETJES UIT HET RECEPT VOOR TUNESISCHE GEKRUIDE VARKENSSCHOUDER (ZIERECEPT). ZE WORDEN HIER GETOOND MET KNAPPERIGE KOOLSLA MET RADIJS, MANGO EN MUNT (ZIERECEPT).

PERZIK-BRANDEWIJN GLAZUUR

1 eetlepel olijfolie

½ kopje gesnipperde ui

2 verse middelgrote perziken, gehalveerd, ontpit en gehakt

2 eetlepels cognac

1 kop BBQ-saus (zierecept)

8 kippendrumsticks (2 tot 2½ pond totaal), indien gewenst gevild

1. Verhit voor glazuur in een middelgrote pan olijfolie op middelhoog vuur. Voeg ui toe; kook ongeveer 5 minuten of tot ze gaar zijn, af en toe roeren. Perziken toevoegen. Dek af en kook 4 tot 6 minuten of tot de perziken zacht zijn, af en toe roeren. Voeg cognac toe; kook, onbedekt, gedurende 2 minuten, af en toe roeren. Een beetje afkoelen. Breng het perzikmengsel over in een blender of keukenmachine. Dek af en meng of verwerk tot een gladde massa. Voeg barbecuesaus toe. Dek af en meng of verwerk tot een gladde massa. Doe de saus terug in de pan. Kook op middelhoog vuur totdat het is opgewarmd. Breng ¾ kopje saus over in een kleine kom om op de kip te strijken.

Houd de resterende saus warm voor het serveren bij gegrilde kip.

2. Voor een houtskoolgrill, schik de middelhete kolen rond een lekbak. Test op middelhoog vuur boven de lekbak. Leg de kipdrumsticks op het grillrek boven de lekbak. Dek af en gril gedurende 40 tot 50 minuten of tot de kip niet langer roze is (175 ° F), draai halverwege het grillen een keer en bestrijk met ¾ kopje Peach-Brandy Glaze gedurende de laatste 5 tot 10 minuten grillen. (Voor een gasgrill, verwarm de grill voor. Zet het vuur lager tot medium. Pas de warmte aan voor indirect koken. Voeg kippendrumsticks toe aan het grillrek dat niet te heet is. Dek af en grill zoals aangegeven.)

CHILI-GEMARINEERDE KIP MET MANGO-MELOENSALADE

VOORBEREIDEN:40 minuten chill/marineren: 2 tot 4 uur grill: 50 minuten maakt: 6 tot 8 porties

EEN ANCHO CHILI IS EEN GEDROOGDE POBLANO— EEN GLANZENDE, DIEPGROENE CHILI MET EEN INTENS FRISSE SMAAK. ANCHO CHILIPEPERS HEBBEN EEN LICHT FRUITIGE SMAAK MET EEN VLEUGJE PRUIMEN OF ROZIJNEN EN EEN VLEUGJE BITTERHEID. CHILIPEPERS UIT NEW MEXICO KUNNEN MATIG HEET ZIJN. HET ZIJN DE DIEPRODE CHILIPEPERS DIE JE ZIET HANGEN IN RISTRAS - KLEURRIJKE ARRANGEMENTEN VAN DROGENDE CHILIPEPERS - IN DELEN VAN HET ZUIDWESTEN.

KIP

2 gedroogde chilipepers uit New Mexico

2 gedroogde ancho chilipepers

1 kop kokend water

3 eetlepels olijfolie

1 grote zoete ui, gepeld en in dikke plakken gesneden

4 romatomaten, zonder klokhuis

1 eetlepel gehakte knoflook (6 teentjes)

2 theelepels gemalen komijn

1 theelepel gedroogde oregano, geplet

16 kippenbouten

SALADE

2 kopjes in blokjes gesneden meloen

2 kopjes honingdauw in blokjes

2 kopjes mango in blokjes

¼ kopje vers limoensap

1 theelepel chilipoeder

½ theelepel gemalen komijn

¼ kopje geknipte verse koriander

1. Verwijder voor kip de stelen en zaden van gedroogde New Mexico en ancho-chili. Verhit een grote koekenpan op middelhoog vuur. Rooster de chilipepers in de koekenpan gedurende 1 tot 2 minuten of tot ze geurig en licht geroosterd zijn. Plaats geroosterde chilipepers in een kleine kom; voeg het kokende water toe aan de kom. Laat minstens 10 minuten staan of tot het klaar is voor gebruik.

2. Verwarm de grill voor. Bekleed een bakplaat met folie; borstel 1 eetlepel olijfolie over folie. Leg de plakjes ui en tomaten op de pan. Rooster ongeveer 10 cm van het vuur gedurende 6 tot 8 minuten of tot ze zacht en verkoold zijn. Giet de chilipepers af en bewaar het water.

3. Meng voor marinade chilipepers, ui, tomaten, knoflook, komijn en oregano in een blender of keukenmachine. Dek af en meng of verwerk tot een gladde massa, voeg zo nodig gereserveerd water toe om te pureren en de gewenste consistentie te bereiken.

4. Doe de kip in een grote hersluitbare plastic zak in een ondiepe schaal. Giet de marinade over de kip in de zak, draai de zak om gelijkmatig te coaten. Marineer in de koelkast gedurende 2 tot 4 uur, keer de zak af en toe.

5. Meng voor een salade in een extra grote kom meloen, honingdauw, mango, limoensap, de resterende 2 eetlepels olijfolie, chilipoeder, komijn en koriander. Gooi om te coaten. Dek af en laat 1 tot 4 uur afkoelen.

6. Voor een houtskoolgrill, schik de middelhete kolen rond een lekbak. Test op middelhoog vuur boven de pan. Laat de kip uitlekken, bewaar de marinade. Leg de kip op het grillrooster boven de lekbak. Bestrijk de kip royaal met een deel van de gereserveerde marinade (gooi eventuele extra marinade weg). Dek af en grill gedurende 50 minuten of tot de kip niet langer roze is (175 ° F), één keer halverwege het grillen. (Voor een gasgrill, verwarm de grill voor. Zet het vuur lager tot medium. Pas aan voor indirect koken. Ga verder zoals aangegeven, plaats de kip op de brander die is uitgeschakeld.) Serveer kipdrumsticks met salade.

TANDOORI-STIJL KIPPENBOUTEN MET KOMKOMMER RAITA

VOORBEREIDEN:20 minuten marineren: 2 tot 24 uur braden: 25 minuten maakt: 4 porties

DE RAITA IS GEMAAKT MET CASHEWNOTENROOM, CITROENSAP, MUNT, KORIANDER EN KOMKOMMER. HET BIEDT EEN VERKOELEND CONTRAPUNT VOOR DE HETE EN PITTIGE KIP.

KIP

1 ui, in dunne partjes gesneden

1 stuk verse gember van 2 inch, geschild en in vieren gedeeld

4 teentjes knoflook

3 eetlepels olijfolie

2 eetlepels vers citroensap

1 theelepel gemalen komijn

1 theelepel gemalen kurkuma

½ theelepel gemalen piment

½ theelepel gemalen kaneel

½ theelepel zwarte peper

¼ theelepel cayennepeper

8 kippenbouten

KOMKOMMER RAITA

1 kopje Cashew Cream (zierecept)

1 eetlepel vers citroensap

1 eetlepel geknipte verse munt

1 eetlepel geknipte verse koriander

½ theelepel gemalen komijn

⅛ theelepel zwarte peper

1 middelgrote komkommer, geschild, gezaaid en in blokjes gesneden (1 kop)

Citroenpartjes

1. Meng in een blender of keukenmachine ui, gember, knoflook, olijfolie, citroensap, komijn, kurkuma, piment, kaneel, zwarte peper en cayennepeper. Dek af en meng of verwerk tot een gladde massa.

2. Prik met de punt van een schilmesje vier of vijf keer in elke drumstick. Plaats drumsticks in een grote hersluitbare plastic zak in een grote kom. Voeg uienmengsel toe; wenden tot jas. Marineer in de koelkast gedurende 2 tot 24 uur, keer de zak af en toe.

3. Verwarm de grill voor. Haal de kip uit de marinade. Veeg met keukenpapier de overtollige marinade van de drumsticks. Schik drumsticks op het rooster van een onverwarmde grillpan of omrande bakplaat bekleed met folie. Rooster 6 tot 8 inch van de warmtebron gedurende 15 minuten. Draai drumsticks om; rooster ongeveer 10 minuten of tot de kip niet langer roze is (175 ° F).

4. Meng voor de raita in een middelgrote kom cashewroom, citroensap, munt, koriander, komijn en zwarte peper. Roer de komkommer er voorzichtig door.

5. Serveer de kip met raita en partjes citroen.

GESTOOFDE KIP STOOFPOT MET WORTELGROENTEN, ASPERGES EN GROENE APPEL-MINT RELISH

VOORBEREIDEN:30 minuten koken: 35 minuten staan: 5 minuten maakt: 4 porties

2 eetlepels geraffineerde kokosolie of olijfolie

2 pond kippenborsten met bot, indien gewenst gevild

1 kop gesnipperde ui

2 eetlepels geraspte verse gember

2 eetlepels gehakte knoflook

2 eetlepels zoutvrij kerriepoeder

2 eetlepels fijngehakte jalapeño zonder zaadjes (zietip)

4 kopjes kippenbottenbouillon (zierecept) of zonder zout toegevoegde kippenbouillon

2 middelgrote zoete aardappelen (ongeveer 1 pond), geschild en in stukjes

2 middelgrote rapen (ongeveer 6 ons), geschild en gehakt

1 kop gezaaide, in blokjes gesneden tomaat

8 ons asperges, bijgesneden en in stukken van 1 inch gesneden

1 13,5-ounce kan natuurlijke kokosmelk (zoals Nature's Way)

½ kopje geknipte verse koriander

Appel-Mint Relish (zierecept, onderstaand)

partjes limoen

1. Verhit in een Nederlandse oven van 6 kwart gallon olie op middelhoog vuur. Bak de kip in porties in hete olie bruin, gelijkmatig bruin, ongeveer 10 minuten. Breng kip over op een bord; opzij zetten.

2. Zet het vuur op medium. Voeg ui, gember, knoflook, kerriepoeder en jalapeño toe aan de pan. Kook en roer 5 minuten of tot de ui zacht is. Roer Chicken Bone Bouillon, zoete aardappelen, rapen en tomaat erdoor. Doe de stukjes kip terug in de pan en zorg ervoor dat de kip in

zoveel mogelijk vloeistof wordt ondergedompeld. Zet het vuur lager tot medium-laag. Dek af en laat 30 minuten sudderen of tot de kip niet meer roze is en de groenten zacht zijn. Roer de asperges, kokosmelk en koriander erdoor. Haal van het vuur. Laat 5 minuten staan. Snijd de kip indien nodig van de botten om gelijkmatig over de serveerschalen te verdelen. Serveer met Apple-Mint Relish en partjes limoen.

Appel-Mint Relish: Hak in een keukenmachine ½ kopje ongezoete kokosvlokken tot poederachtig. Voeg 1 kopje verse korianderblaadjes toe en stoom; 1 kopje verse muntblaadjes; 1 Granny Smith-appel, klokhuis verwijderd en in stukjes gesneden; 2 theelepels fijngehakte jalapeño zonder zaadjes (zie tip); en 1 eetlepel vers limoensap. Pulseer tot fijngehakt.

PAILLARDSALADE MET GEGRILDE KIP, FRAMBOZEN, BIETEN EN GEROOSTERDE AMANDELEN

VOORBEREIDEN:30 minuten braden: 45 minuten marineren: 15 minuten grill: 8 minuten maakt: 4 porties

½ kopje hele amandelen

1½ theelepel olijfolie

1 middelgrote rode biet

1 middelgrote goudbiet

2 6- tot 8-ounce kipfilethelften zonder botten

2 kopjes verse of bevroren frambozen, ontdooid

3 eetlepels witte of rode wijnazijn

2 eetlepels geknipte verse dragon

1 eetlepel fijngehakte sjalot

1 theelepel Dijon-stijl mosterd (zie recept)

¼ kopje olijfolie

Zwarte peper

8 kopjes lentemix sla

1. Voor de amandelen, verwarm de oven voor op 400°F. Spreid amandelen uit op een kleine bakplaat en meng met ½ theelepel olijfolie. Bak ongeveer 5 minuten of tot het geurig en goudbruin is. Laten afkoelen. (Amandelen kunnen 2 dagen van tevoren worden geroosterd en in een luchtdichte verpakking worden bewaard.)

2. Leg voor de bieten elke biet op een klein stukje aluminiumfolie en besprenkel met ½ theelepel olijfolie. Wikkel de folie losjes om de bieten en leg ze op een bakplaat of in een ovenschaal. Rooster de bieten in de oven van 400 ° F gedurende 40 tot 50 minuten of tot ze zacht zijn als ze met een mes worden doorboord. Haal uit

de oven en laat staan tot het voldoende afgekoeld is om te hanteren. Verwijder met een schilmesje de schil. Snijd de bieten in partjes en zet apart. (Vermijd het mengen van de bieten om te voorkomen dat de rode bieten de gouden bieten bevlekken. Bieten kunnen 1 dag van tevoren worden geroosterd en gekoeld. Breng voor het serveren op kamertemperatuur.)

3. Snijd voor de kip elke kipfilet horizontaal doormidden. Leg elk stuk kip tussen twee stukken plasticfolie. Gebruik een vleeshamer en sla voorzichtig tot ongeveer ¾ inch dik. Leg de kip in een ondiepe schaal en zet apart.

4. Voor vinaigrette: plet in een grote kom ¾ kopje frambozen lichtjes met een garde (bewaar de resterende frambozen voor de salade). Voeg de azijn, dragon, sjalot en Dijon-stijl mosterd toe; klop om te mengen. Voeg de kopje olijfolie in een dun straaltje toe, al kloppend om goed te mengen. Giet ½ kopje vinaigrette over de kip; draai kip om te coaten (bewaar de resterende vinaigrette voor de salade). Marineer de kip 15 minuten op kamertemperatuur. Haal de kip uit de marinade en bestrooi met peper; gooi de resterende marinade in de schaal weg.

5. Plaats voor een houtskool- of gasgrill de kip op een grillrek direct op middelhoog vuur. Dek af en gril 8 tot 10 minuten of tot de kip niet meer roze is, draai halverwege het grillen een keer om. (Kip kan ook in een grillpan op een kookplaat worden gekookt.)

6. Meng in een grote kom sla, bieten en de resterende 1¼ kopjes frambozen. Giet gereserveerde vinaigrette over salade; voorzichtig gooi om te coaten. Verdeel de salade

over vier serveerschalen; beleg elk met een stuk gegrilde kipfilet. Hak de geroosterde amandelen grof en strooi ze over het geheel. Serveer onmiddellijk.

MET BROCCOLI RABE GEVULDE KIPPENBORSTEN MET VERSE TOMATENSAUS EN CAESARSALADE

VOORBEREIDEN:40 minuten koken: 25 minuten maakt: 6 porties

3 eetlepels olijfolie

2 theelepels gehakte knoflook

¼ theelepel gemalen rode peper

1 pond broccoli raab, bijgesneden en gehakt

½ kopje ongezwavelde gouden rozijnen

½ kopje water

4 5- tot 6-ounce kippenborsthelften zonder vel en zonder been

1 kop gesnipperde ui

3 kopjes gehakte tomaten

¼ kopje geknipte verse basilicum

2 theelepels rode wijnazijn

3 eetlepels vers citroensap

2 eetlepels Paleo Mayo (zierecept)

2 theelepels Dijon-stijl mosterd (zierecept)

1 theelepel gehakte knoflook

½ theelepel zwarte peper

¼ kopje olijfolie

10 kopjes gehakte romaine sla

1. Verhit in een grote koekenpan 1 eetlepel olijfolie op middelhoog vuur. Voeg de knoflook en geplette rode peper toe; kook en roer gedurende 30 seconden of tot het geurig is. Voeg de gehakte broccoli rabe, rozijnen en het ½ kopje water toe. Dek af en kook ongeveer 8 minuten of tot broccoli raab geslonken en zacht is. Haal het deksel van de pan; laat overtollig water verdampen. Opzij zetten.

2. Voor rollades, halveer elke kipfilet in de lengte; plaats elk stuk tussen twee stukken plasticfolie. Gebruik de platte kant van een vleeshamer en klop de kip licht tot ongeveer ¼ inch dik. Plaats voor elke rollade ongeveer ¼ kopje van het broccoli-raabmengsel op een van de korte uiteinden; oprollen, de zijkanten naar binnen vouwen om de vulling volledig te omsluiten. (Roulades kunnen tot 1 dag van tevoren worden gemaakt en gekoeld tot ze klaar zijn om te koken.)

3. Verhit in een grote koekenpan 1 eetlepel olijfolie op middelhoog vuur. Voeg de rollades toe, met de naad naar beneden. Bak ongeveer 8 minuten of tot ze aan alle kanten bruin zijn en draai ze tijdens het koken twee of drie keer om. Leg de rollades op een schaal.

4. Verhit voor saus in de koekenpan 1 eetlepel van de resterende olijfolie op middelhoog vuur. Voeg de ui toe; kook ongeveer 5 minuten of tot ze doorschijnend zijn. Roer de tomaten en basilicum erdoor. Leg de rollades op de saus in de pan. Breng aan de kook op middelhoog vuur; verminder hitte. Dek af en laat ongeveer 5 minuten sudderen of tot de tomaten beginnen af te breken maar nog steeds hun vorm behouden en de rollades zijn verwarmd.

5. Klop voor de dressing in een kleine kom het citroensap, de Paleo Mayo, Dijon-stijl mosterd, knoflook en zwarte peper door elkaar. Sprenkel de kopje olijfolie erdoor en klop tot het geëmulgeerd is. Meng in een grote kom de dressing met de gehakte romaine. Om te serveren, verdeel de

romaine over zes serveerschalen. Snijd rollades en schik
ze op romaine; besprenkel met tomatensaus.

WRAPS VAN GEGRILDE KIPSHOARMA MET GEKRUIDE GROENTEN EN PIJNBOOMPITTENDRESSING

VOORBEREIDEN:20 minuten marineren: 30 minuten grill: 10 minuten maakt: 8 wraps (4 porties)

1½ pond kippenborsthelften zonder vel, zonder been, in stukjes van 2 inch gesneden

5 eetlepels olijfolie

2 eetlepels vers citroensap

1¾ theelepel gemalen komijn

1 theelepel gehakte knoflook

1 theelepel paprika

½ theelepel kerriepoeder

½ theelepel gemalen kaneel

¼ theelepel cayennepeper

1 middelgrote courgette, gehalveerd

1 kleine aubergine in plakjes van inch gesneden

1 grote gele paprika, gehalveerd en zonder zaadjes

1 middelgrote rode ui, in vieren

8 cherrytomaatjes

8 grote blaadjes botersla

Geroosterde pijnboompittendressing (zie recept)

Citroenpartjes

1. Meng voor de marinade in een kleine kom 3 eetlepels olijfolie, citroensap, 1 theelepel komijn, knoflook, ½ theelepel paprikapoeder, kerriepoeder, ¼ theelepel kaneel en cayennepeper. Doe de stukjes kip in een grote hersluitbare plastic zak in een ondiepe schaal. Schenk de marinade over de kip. Zak verzegelen; keer tas naar jas.

Marineer in de koelkast gedurende 30 minuten, keer de zak af en toe.

2. Haal de kip uit de marinade; marinade weggooien. Rijg de kip aan vier lange spiesen.

3. Leg de courgette, aubergine, paprika en ui op een bakplaat. Besprenkel met 2 eetlepels olijfolie. Bestrooi met de resterende ¾ theelepel komijn, de resterende ½ theelepel paprika en de resterende ¼ theelepel kaneel; wrijf zachtjes over groenten. Rijg tomaten aan twee spiesen.

3. Plaats voor een houtskool- of gasgrill de kip- en tomatenkabobs en groenten op een grillrek op middelhoog vuur. Dek af en grill tot de kip niet langer roze is en de groenten licht verkoold en knapperig zijn, een keer draaien. Wacht 10 tot 12 minuten voor kip, 8 tot 10 minuten voor groenten en 4 minuten voor tomaten.

4. Haal de kip van de spiesen. Hak de kip fijn en snijd de courgette, aubergine en paprika in hapklare stukjes. Haal de tomaten van de spiesjes (niet hakken). Schik de kip en groenten op een schaal. Schep om te serveren wat van de kip en groenten in een slablad; besprenkel met geroosterde pijnboompittendressing. Serveer met partjes citroen.

IN DE OVEN GESTOOFDE KIPPENBORSTEN MET CHAMPIGNONS, KNOFLOOKPUREE EN GEROOSTERDE ASPERGES

BEGIN TOT EIND:50 minuten maakt: 4 porties

4 10- tot 12-ounce kippenborsthelften met bot, gevild

3 kopjes kleine champignons met witte knop

1 kop dun gesneden prei of gele ui

2 kopjes kippenbottenbouillon (zierecept) of zonder zout toegevoegde kippenbouillon

1 kopje droge witte wijn

1 grote bos verse tijm

Zwarte peper

Witte wijnazijn (optioneel)

1 bloemkool, in roosjes verdeeld

12 teentjes knoflook, gepeld

2 eetlepels olijfolie

Witte of cayennepeper

1 pond asperges, bijgesneden

2 theelepels olijfolie

1. Verwarm de oven voor op 400 ° F. Schik kipfilets in een rechthoekige ovenschaal van 3 kwart gallon; top met champignons en prei. Giet Chicken Bone Bouillon en wijn over de kip en groenten. Strooi er tijm over en bestrooi met zwarte peper. Bedek de schaal met folie.

2. Bak 35 tot 40 minuten of tot een direct afleesbare thermometer in kippenregisters 170 ° F aangeeft. Verwijder de takjes tijm en gooi ze weg. Breng

desgewenst voor het serveren op smaak met een scheutje azijn.

2. Kook intussen in een grote pan bloemkool en knoflook in voldoende kokend water voor ongeveer 10 minuten of tot ze zacht zijn. Giet de bloemkool en knoflook af en bewaar 2 eetlepels kookvocht. Doe de bloemkool en het achtergehouden kookvocht in een keukenmachine of een grote mengkom. Verwerk tot een gladde massa* of pureer met een aardappelstamper; roer er 2 eetlepels olijfolie door en breng op smaak met witte peper. Houd warm tot klaar om te serveren.

3. Schik de asperges in een enkele laag op een bakplaat. Besprenkel met 2 theelepels olijfolie en schep om. Bestrooi met zwarte peper. Rooster in een oven van 400 ° F ongeveer 8 minuten of tot ze knapperig zijn, één keer roeren.

4. Verdeel de bloemkoolpuree over zes serveerschalen. Top met kip, champignons en prei. Besprenkel met wat van het kookvocht; serveer met geroosterde asperges.

*Opmerking: als je een keukenmachine gebruikt, pas dan op dat je de bloemkool niet te dun maakt.

THAISE KIPPENSOEP

VOORBEREIDEN:30 minuten invriezen: 20 minuten koken: 50 minuten maakt: 4 tot 6 porties

TAMARINDE IS EEN MUSKUSACHTIGE, ZURE VRUCHTGEBRUIKT IN DE INDIASE, THAISE EN MEXICAANSE KEUKEN. VEEL COMMERCIEEL BEREIDE TAMARINDEPASTA'S BEVATTEN SUIKER - ZORG ERVOOR DAT JE ER EEN KOOPT DIE DAT NIET DOET. KAFFIR-LIMOENBLAADJES ZIJN VERS, BEVROREN EN GEDROOGD TE VINDEN OP DE MEESTE AZIATISCHE MARKTEN. ALS JE ZE NIET KUNT VINDEN, VERVANG DAN 1½ THEELEPEL FIJNGESNIPPERDE LIMOENSCHIL VOOR DE BLADEREN IN DIT RECEPT.

2 stengels citroengras, bijgesneden

2 eetlepels ongeraffineerde kokosolie

½ kopje dun gesneden lente-uitjes

3 grote teentjes knoflook, in dunne plakjes

8 kopjes kippenbottenbouillon (zie recept) of zonder zout toegevoegde kippenbouillon

¼ kopje tamarindepasta zonder toegevoegde suikers (zoals het merk Tamicon)

2 eetlepels norivlokken

3 verse Thaise chilipepers, in dunne plakjes gesneden met intacte zaadjes (zie tip)

3 kaffir limoenblaadjes

1 stuk gember van 3 inch, in dunne plakjes gesneden

4 6-ounce kippenborsthelften zonder vel en zonder been

1 14,5-ounce blik zonder zout toegevoegd vuurgeroosterde tomatenblokjes, ongedraineerd

6 ons dunne aspergesperen, bijgesneden en in dunne plakjes gesneden diagonaal in ½-inch stukken

½ kopje verpakte Thaise basilicumblaadjes (zie Opmerking)

1. Gebruik de achterkant van een mes en druk stevig op de stengels citroengras. Hak de gekneusde stengels fijn.

2. Verhit kokosolie in een Nederlandse oven op middelhoog vuur. Voeg citroengras en lente-uitjes toe; kook 8 tot 10 minuten, vaak roerend. Voeg knoflook toe; kook en roer 2 tot 3 minuten of tot het erg geurig is.

3. Voeg kippenbottenbouillon, tamarindepasta, norivlokken, chilipepers, limoenblaadjes en gember toe. Breng aan de kook; verminder hitte. Dek af en laat 40 minuten sudderen.

4. Bevries ondertussen de kip gedurende 20 tot 30 minuten of tot het stevig is. Snijd de kip in dunne plakjes.

5. Zeef de soep door een fijnmazige zeef in een grote pan en druk met de achterkant van een grote lepel aan om smaken te extraheren. Gooi vaste stoffen weg. Breng soep aan de kook. Roer de kip, ongedraineerde tomaten, asperges en basilicum erdoor. Verminder hitte; sudderen, onbedekt, gedurende 2 tot 3 minuten of tot de kip gaar is. Serveer onmiddellijk.

CITROEN EN SALIE GEROOSTERDE KIP MET ANDIJVIE

VOORBEREIDEN:15 minuten braden: 55 minuten staan: 5 minuten maakt: 4 porties

DE SCHIJFJES CITROEN EN HET SALIEBLADONDER DE HUID VAN DE KIP GEPLAATST OM HET VLEES OP SMAAK TE BRENGEN TERWIJL HET KOOKT - EN MAAK EEN OPVALLEND ONTWERP ONDER DE KNAPPERIGE, ONDOORZICHTIGE HUID NADAT HET UIT DE OVEN KOMT.

4 kipfilethelften met bot (met vel)

1 citroen, heel dun gesneden

4 grote blaadjes salie

2 theelepels olijfolie

2 theelepels mediterrane kruiden (zierecept)

½ theelepel zwarte peper

2 eetlepels extra vierge olijfolie

2 sjalotten, gesnipperd

2 teentjes knoflook, fijngehakt

4 kroppen andijvie, in de lengte gehalveerd

1. Verwarm de oven voor op 400 ° F. Maak met een schilmesje heel voorzichtig de huid van elke borsthelft los en laat deze aan één kant vastzitten. Leg 2 schijfjes citroen en 1 salieblad op het vlees van elke borst. Trek de huid voorzichtig terug op zijn plaats en druk zachtjes om deze vast te zetten.

2. Schik de kip in een ondiepe braadpan. Borstel kip met 2 theelepels olijfolie; bestrooi met mediterrane kruiden en ¼ theelepel peper. Rooster, onbedekt, ongeveer 55 minuten of tot de huid bruin en knapperig is en een direct

afleesbare thermometer in kippenregisters 170 ° F wordt gestoken. Laat de kip 10 minuten staan alvorens te serveren.

3. Verhit intussen in een grote koekenpan de 2 eetlepels olijfolie op middelhoog vuur. Voeg sjalotten toe; kook ongeveer 2 minuten of tot ze doorschijnend zijn. Bestrooi andijvie met de resterende ¼ theelepel peper. Voeg knoflook toe aan de pan. Leg de andijvie in de pan, snij de zijkanten naar beneden. Bak ongeveer 5 minuten of tot ze bruin zijn. Andijvie voorzichtig omdraaien; kook nog 2 tot 3 minuten of tot ze gaar zijn. Serveer met kip.

KIP MET LENTE-UITJES, WATERKERS EN RADIJS

VOORBEREIDEN:20 minuten koken: 8 minuten bakken: 30 minuten maakt: 4 porties

HOEWEL HET MISSCHIEN VREEMD KLINKT OM RADIJSJES TE KOKEN,ZE ZIJN HIER NAUWELIJKS GAAR - NET GENOEG OM HUN PEPERIGE BITE TE VERZACHTEN EN ZE EEN BEETJE MALSER TE MAKEN.

3 eetlepels olijfolie

4 10- tot 12-ounce kippenborsthelften met bot (met schil)

1 eetlepel Citroen-Kruidenkruiden (zie recept)

¾ kopje gesneden lente-uitjes

6 radijsjes, in dunne plakjes

¼ theelepel zwarte peper

½ kopje droge witte vermout of droge witte wijn

⅓ kopje Cashew Cream (zie recept)

1 bosje waterkers, steeltjes verwijderd, grof gehakt

1 eetlepel geknipte verse dille

1. Verwarm de oven voor op 350 ° F. Verhit olijfolie in een grote koekenpan op middelhoog vuur. Dep de kip droog met keukenpapier. Kook de kip, met de huid naar beneden, 4 tot 5 minuten of tot de huid goudbruin en krokant is. Draai de kip om; kook ongeveer 4 minuten of tot ze bruin zijn. Leg de kip met de velkant naar boven in een ondiepe ovenschaal. Bestrooi de kip met citroen-kruidenkruiden. Bak ongeveer 30 minuten of totdat een direct afleesbare thermometer in de kip 170 ° F registreert.

2. Giet ondertussen alles behalve 1 eetlepel uit de koekenpan; zet de pan weer op het vuur. Voeg lente-uitjes en radijs toe; kook ongeveer 3 minuten of net tot de lente-uitjes verwelken. Bestrooi met peper. Voeg vermout toe, roer om gebruinde stukjes weg te schrapen. Breng aan de kook; kook tot het is ingedikt en licht ingedikt. Roer de cashewroom erdoor; aan de kook brengen. Haal de pan van het vuur; voeg waterkers en dille toe, roer voorzichtig totdat de waterkers geslonken is. Roer alle kippensappen die zich in de ovenschaal hebben opgehoopt erdoor.

3. Verdeel het lente-uitjesmengsel over vier serveerborden; top met kip.

KIP TIKKA MASALA

VOORBEREIDEN:30 minuten marineren: 4 tot 6 uur koken: 15 minuten braden: 8 minuten maakt: 4 porties

DIT IS GEÏNSPIREERD OP EEN ZEER POPULAIR INDIAAS GERECHTDIE MISSCHIEN HELEMAAL NIET IN INDIA IS GEMAAKT, MAAR EERDER IN EEN INDIAAS RESTAURANT IN HET VERENIGD KONINKRIJK. TRADITIONELE KIP TIKKA MASALA VEREIST DAT KIP WORDT GEMARINEERD IN YOGHURT EN VERVOLGENS WORDT GEKOOKT IN EEN PITTIGE TOMATENSAUS BESPAT MET ROOM. ZONDER DAT ENIGE ZUIVEL DE SMAAK VAN DE SAUS AFSTOMPT, IS DEZE VERSIE BIJZONDER SCHOON VAN SMAAK. IN PLAATS VAN RIJST WORDT HET GESERVEERD MET KNAPPERIGE COURGETTE-NOEDELS.

1½ pond kippendijen zonder vel of zonder been of kippenborsthelften

¾ kopje natuurlijke kokosmelk (zoals Nature's Way)

6 teentjes knoflook, fijngehakt

1 eetlepel geraspte verse gember

1 theelepel gemalen koriander

1 theelepel paprika

1 theelepel gemalen komijn

¼ theelepel gemalen kardemom

4 eetlepels geraffineerde kokosolie

1 kop gehakte wortelen

1 dun gesneden bleekselderij

½ kopje gesnipperde ui

2 jalapeño of serrano chilipepers, zonder zaadjes (indien gewenst) en fijngehakt (zietip)

1 14,5-ounce blik zonder zout toegevoegd vuurgeroosterde tomatenblokjes, ongedraineerd

1 8-ounce kan tomatensaus zonder zout toegevoegd

1 theelepel zonder zout toegevoegde garam masala

3 middelgrote courgettes

½ theelepel zwarte peper

Verse korianderblaadjes

1. Als u kippendijen gebruikt, snijdt u elke dij in drie stukken. Als u kippenborsthelften gebruikt, snijdt u elke borsthelft in stukken van 2 inch en snijdt u dikke porties horizontaal doormidden om ze dunner te maken. Doe de kip in een grote hersluitbare plastic zak; opzij zetten. Meng voor de marinade in een kleine kom ½ kopje kokosmelk, knoflook, gember, koriander, paprika, komijn en kardemom. Giet de marinade over de kip in de zak. Sluit de zak en draai hem om de kip te coaten. Plaats de zak in een middelgrote kom; 4 tot 6 uur in de koelkast marineren, de zak af en toe omdraaien.

2. Verwarm de grill voor. Verhit in een grote koekenpan 2 eetlepels kokosolie op middelhoog vuur. Voeg wortelen, selderij en ui toe; kook 6 tot 8 minuten of tot de groenten zacht zijn, af en toe roeren. Jalapeños toevoegen; kook en roer nog 1 minuut. Voeg ongedraineerde tomaten en tomatensaus toe. Breng aan de kook; verminder hitte. Sudderen, onbedekt, ongeveer 5 minuten of tot de saus iets dikker wordt.

3. Laat de kip uitlekken en gooi de marinade weg. Leg de stukken kip in een enkele laag op het onverwarmde rooster van een grillpan. Rooster 5 tot 6 inch van het vuur gedurende 8 tot 10 minuten of tot de kip niet langer roze is, eenmaal halverwege het roosteren. Voeg gekookte stukjes kip en de resterende ¼ kopje kokosmelk toe aan het tomatenmengsel in de koekenpan. Kook gedurende 1

tot 2 minuten of tot het is opgewarmd. Haal van het vuur; roer garam masala erdoor.

4. Snijd de uiteinden van de courgette. Snijd de courgette met een juliennesnijder in lange dunne reepjes. Verhit in een extra grote koekenpan de resterende 2 eetlepels kokosolie op middelhoog vuur. Courgettereepjes en zwarte peper toevoegen. Kook en roer 2 tot 3 minuten of tot de courgette knapperig is.

5. Verdeel de courgette over vier serveerschalen om te serveren. Garneer met het kippenmengsel. Garneer met korianderblaadjes.

RAS EL HANOUT KIPPENDIJEN

VOORBEREIDEN:20 minuten koken: 40 minuten maakt: 4 porties

RAS EL HANOUT IS EEN COMPLEXEN EXOTISCH MAROKKAANS KRUIDENMENGSEL. DE UITDRUKKING BETEKENT "HOOFD VAN DE WINKEL" IN HET ARABISCH, WAT IMPLICEERT DAT HET EEN UNIEKE MIX IS VAN DE BESTE KRUIDEN DIE DE KRUIDENVERKOPER TE BIEDEN HEEFT. ER IS GEEN VAST RECEPT VOOR RAS EL HANOUT, MAAR HET BEVAT VAAK EEN MENGSEL VAN GEMBER, ANIJS, KANEEL, NOOTMUSKAAT, PEPERKORRELS, KRUIDNAGEL, KARDEMOM, GEDROOGDE BLOEMEN (ZOALS LAVENDEL EN ROOS), NIGELLA, FOELIE, LAOS EN KURKUMA.

1 eetlepel gemalen komijn

2 theelepels gemalen gember

1½ theelepel zwarte peper

1½ theelepel gemalen kaneel

1 theelepel gemalen koriander

1 theelepel cayennepeper

1 theelepel gemalen piment

½ theelepel gemalen kruidnagel

¼ theelepel gemalen nootmuskaat

1 theelepel saffraandraadjes (optioneel)

4 eetlepels ongeraffineerde kokosolie

8 kippendijen met bot

1 8-ounce pakket verse champignons, in plakjes

1 kop gesnipperde ui

1 kop gehakte rode, gele of groene paprika (1 grote)

4 romatomaten, zonder klokhuis, zonder zaadjes en in stukjes

4 teentjes knoflook, fijngehakt

2 blikjes van 13,5 ounce natuurlijke kokosmelk (zoals Nature's Way)

3 tot 4 eetlepels vers limoensap

¼ kopje fijngesneden verse koriander

1. Meng voor de ras el hanout in een middelgrote vijzel of een kleine kom de komijn, gember, zwarte peper, kaneel, koriander, cayennepeper, piment, kruidnagel, nootmuskaat en, indien gewenst, saffraan. Maal met een stamper of roer met een lepel om goed te mengen. Opzij zetten.

2. Verhit in een extra grote koekenpan 2 eetlepels kokosolie op middelhoog vuur. Bestrooi de kippendijen met 1 eetlepel van de ras el hanout. Voeg kip toe aan de koekenpan; kook 5 tot 6 minuten of tot ze bruin zijn, draai ze halverwege het koken een keer om. Haal de kip uit de pan; blijf warm.

3. Verhit in dezelfde koekenpan de resterende 2 eetlepels kokosolie op middelhoog vuur. Voeg champignons, ui, paprika, tomaten en knoflook toe. Kook en roer ongeveer 5 minuten of tot de groenten zacht zijn. Roer de kokosmelk, het limoensap en 1 eetlepel van de ras el hanout erdoor. Doe de kip terug in de pan. Breng aan de kook; verminder hitte. Sudderen, afgedekt, ongeveer 30 minuten of tot de kip zacht is (175 ° F).

4. Serveer kip, groenten en saus in kommen. Garneer met koriander.

Opmerking: Bewaar overgebleven Ras el Hanout maximaal 1 maand in een afgedekte container.

STAR FRUIT ADOBO KIPPENDIJEN OVER GESTOOFDE SPINAZIE

VOORBEREIDEN:40 minuten marineren: 4 tot 8 uur koken: 45 minuten maakt: 4 porties

DEP DE KIP EVENTUEEL DROOGMET EEN PAPIEREN HANDDOEK NADAT HET UIT DE MARINADE KOMT VOORDAT HET IN DE PAN BRUIN WORDT. VLOEISTOF DIE OP HET VLEES ACHTERBLIJFT, SPAT IN DE HETE OLIE.

8 kippendijen met bot (1½ tot 2 pond), gevild

¾ kopje witte of ciderazijn

¾ kopje verse sinaasappelsap

½ kopje water

¼ kopje gesnipperde ui

¼ kopje geknipte verse koriander

4 teentjes knoflook, fijngehakt

½ theelepel zwarte peper

1 eetlepel olijfolie

1 stervrucht (carambola), in plakjes

1 kop kippenbottenbouillon (zierecept) of zonder zout toegevoegde kippenbouillon

2 pakjes van 9 ounce verse spinazieblaadjes

Verse korianderblaadjes (optioneel)

1. Plaats de kip in een roestvrijstalen of geëmailleerde Nederlandse oven; opzij zetten. Meng in een middelgrote kom azijn, sinaasappelsap, het water, ui, ¼ kopje geknipte koriander, knoflook en peper; over kip gieten. Dek af en marineer 4 tot 8 uur in de koelkast.

2. Breng het kippenmengsel in de Nederlandse oven aan de kook op middelhoog vuur; verminder hitte. Dek af en laat 35 tot 40 minuten sudderen of tot de kip niet langer roze is (175 ° F).

3. Verhit olie in een extra grote koekenpan op middelhoog vuur. Haal de kip met een tang uit de Nederlandse oven en schud zachtjes zodat het kookvocht eraf druipt; kookvocht bewaren. Bak de kip aan alle kanten bruin en keer regelmatig om gelijkmatig bruin te worden.

4. Ondertussen, voor saus, zeef kookvocht; terug naar Dutch Oven. Breng aan de kook. Kook ongeveer 4 minuten om iets in te korten en in te dikken; voeg sterfruit toe; kook nog 1 minuut. Doe de kip terug in de saus in de Nederlandse oven. Haal van het vuur; deksel om warm te blijven.

5. Veeg de koekenpan schoon. Giet Chicken Bone Bouillon in de pan. Breng aan de kook op middelhoog vuur; roer de spinazie erdoor. Verminder hitte; Laat 1 tot 2 minuten sudderen of tot de spinazie net geslonken is, onder voortdurend roeren. Gebruik een schuimspaan om spinazie over te brengen op een serveerschaal. Top met kip en saus. Bestrooi eventueel met korianderblaadjes.

KIP-POBLANO KOOLTACO'S MET CHIPOTLE MAYO

VOORBEREIDEN:25 minuten bakken: 40 minuten maakt: 4 porties

SERVEER DEZE ROMMELIGE MAAR SMAKELIJKE TACO'SMET EEN VORK OM DE VULLING ERUIT TE HALEN DIE TOEVALLIG UIT HET KOOLBLAD VALT TERWIJL JE HET EET.

1 eetlepel olijfolie

2 poblano chilipepers, zonder zaadjes (indien gewenst) en gehakt (zietip)

½ kopje gesnipperde ui

3 teentjes knoflook, fijngehakt

1 eetlepel zoutvrij chilipoeder

2 theelepels gemalen komijn

½ theelepel zwarte peper

1 8-ounce kan tomatensaus zonder zout toegevoegd

¾ kopje kippenbottenbouillon (zierecept) of zonder zout toegevoegde kippenbouillon

1 theelepel gedroogde Mexicaanse oregano, geplet

1 tot 1½ pond kippendijen zonder vel en zonder been

10 tot 12 middelgrote tot grote koolbladeren

Chipotle Paleo Mayo (zierecept)

1. Verwarm de oven voor op 350 ° F. Verhit olie in een grote ovenvaste koekenpan op middelhoog vuur. Voeg poblano chilipepers, ui en knoflook toe; kook en roer 2 minuten. Roer chilipoeder, komijn en zwarte peper erdoor; kook en roer nog 1 minuut (verlaag indien nodig het vuur om te voorkomen dat kruiden aanbranden).

2. Voeg tomatensaus, kippenbottenbouillon en oregano toe aan de pan. Breng aan de kook. Leg de kippendijen voorzichtig in het tomatenmengsel. Bedek de koekenpan

met deksel. Bak ongeveer 40 minuten of tot de kip zacht is (175 ° F), draai de kip halverwege een keer.

3. Haal de kip uit de pan; enigszins afkoelen. Gebruik twee vorken om de kip in hapklare stukjes te snijden. Roer de geraspte kip in het tomatenmengsel in de koekenpan.

4. Schep het kippenmengsel in de koolbladeren om te serveren; top met Chipotle Paleo Mayo.

KIP STOOFPOTJE MET WORTELTJES EN BOK CHOY

VOORBEREIDEN:15 minuten koken: 24 minuten staan: 2 minuten maakt: 4 porties

BABY PAKSOI IS ERG DELICAATEN KAN IN EEN OOGWENK TE GAAR WORDEN. OM HET KNAPPERIG EN FRIS VAN SMAAK TE HOUDEN - NIET VERWELKT EN DRASSIG - MOET JE ERVOOR ZORGEN DAT HET NIET LANGER DAN 2 MINUTEN IN DE AFGEDEKTE HETE POT (VAN HET VUUR) STOOMT VOORDAT JE DE STOOFPOT SERVEERT.

2 eetlepels olijfolie

1 prei, in plakjes (witte en lichtgroene delen)

4 kopjes kippenbottenbouillon (zie_recept_) of zonder zout toegevoegde kippenbouillon

1 kopje droge witte wijn

1 eetlepel Dijon-Style Mosterd (zie_recept_)

½ theelepel zwarte peper

1 takje verse tijm

1¼ pond kippendijen zonder vel, zonder botten, in stukken van 1 inch gesneden

8 ons babywortelen met toppen, geschrobd, bijgesneden en in de lengte gehalveerd, of 2 middelgrote wortelen, in plakjes gesneden

2 theelepels fijn geraspte citroenschil (opzij zetten)

1 eetlepel vers citroensap

2 hoofden baby paksoi

½ theelepel geknipte verse tijm

1. Verhit in een grote pan 1 eetlepel olijfolie op middelhoog vuur. Kook de prei 3 tot 4 minuten in hete olie of tot ze geslonken is. Voeg Chicken Bone Bouillon, wijn, Dijon-stijl mosterd, ¼ theelepel peper en tijmtakje toe. Breng aan de kook; verminder hitte. Kook gedurende 10 tot 12 minuten

of tot de vloeistof met ongeveer een derde is verminderd. Gooi het takje tijm weg.

2. Verhit ondertussen in een Nederlandse oven de resterende 1 eetlepel olijfolie op middelhoog vuur. Bestrooi de kip met de resterende ¼ theelepel peper. Bak in hete olie ongeveer 3 minuten of tot ze bruin zijn, af en toe roeren. Giet eventueel vet af. Voeg voorzichtig het gereduceerde bouillonmengsel toe aan de pot en schraap eventuele bruine stukjes weg; wortelen toevoegen. Breng aan de kook; verminder hitte. Sudderen, onbedekt, gedurende 8 tot 10 minuten of totdat de wortelen zacht zijn. Roer het citroensap erdoor. Snijd de paksoi in de lengte doormidden. (Als de paksoi-koppen groot zijn, snijd ze dan in vieren.) Plaats de paksoi bovenop de kip in de pan. Dek af en haal van het vuur; laat 2 minuten staan.

3. Schep de stoofpot in ondiepe kommen. Bestrooi met citroenschil en gehakte tijm.

CASHEW-ORANJE KIP EN PAPRIKA ROERBAK IN SLA WRAPS

BEGIN TOT EIND:45 minuten maakt: 4 tot 6 porties

U VINDT TWEE SOORTENKOKOSOLIE IN DE SCHAPPEN - GERAFFINEERD EN EXTRA VIERGE, OF ONGERAFFINEERD. ZOALS DE NAAM AL AANGEEFT, IS EXTRA VIERGE KOKOSOLIE AFKOMSTIG VAN DE EERSTE PERSING VAN DE VERSE, RAUWE KOKOSNOOT. HET IS ALTIJD DE BETERE KEUZE ALS U OP MIDDELHOOG OF MIDDELHOOG VUUR KOOKT. GERAFFINEERDE KOKOSOLIE HEEFT EEN HOGER ROOKPUNT, DUS GEBRUIK HET ALLEEN ALS JE OP HOOG VUUR KOOKT.

1 eetlepel geraffineerde kokosolie

1½ tot 2 pond kippendijen zonder vel, zonder botten, in dunne reepjes gesneden

3 rode, oranje en/of gele paprika's, zonder steel, zonder zaadjes en in dunne reepjes gesneden

1 rode ui, in de lengte gehalveerd en in dunne plakjes gesneden

1 theelepel fijngesnipperde sinaasappelschil (opzij zetten)

½ kopje verse sinaasappelsap

1 eetlepel fijngehakte verse gember

3 teentjes knoflook, fijngehakt

1 kop ongezouten rauwe cashewnoten, geroosterd en grof gehakt (zietip)

½ kopje gesneden groene lente-uitjes (4)

8 tot 10 blaadjes boter of ijsbergsla

1. Verhit in een wok of grote koekenpan de kokosolie op hoog vuur. Voeg kip toe; kook en roer 2 minuten. Voeg paprika en ui toe; kook en roer 2 tot 3 minuten of tot de groenten zacht beginnen te worden. Haal de kip en groenten uit de wok; blijf warm.

2. Veeg de wok schoon met keukenpapier. Voeg het sinaasappelsap toe aan de wok. Kook ongeveer 3 minuten of tot het sap kookt en iets vermindert. Voeg gember en knoflook toe. Kook en roer 1 minuut. Doe het kip-paprikamengsel terug in de wok. Roer de sinaasappelschil, cashewnoten en lente-uitjes erdoor. Serveer roerbakken op slablaadjes.

VIETNAMESE KIP MET KOKOS-CITROENGRAS

BEGIN TOT EIND:30 minuten maakt: 4 porties

DEZE SNELLE KOKOSCURRYKAN BINNEN 30 MINUTEN OP TAFEL STAAN VANAF HET MOMENT DAT JE BEGINT TE HAKKEN, WAARDOOR HET EEN IDEALE MAALTIJD IS VOOR EEN DRUKKE DOORDEWEEKSE AVOND.

1 eetlepel ongeraffineerde kokosolie

4 stengels citroengras (alleen bleke delen)

1 pakje oesterzwammen van 3,2 ounce, gehakt

1 grote ui, dun gesneden, ringen gehalveerd

1 verse jalapeño, zonder zaadjes en fijngehakt (zie tip)

2 eetlepels gehakte verse gember

3 teentjes knoflook fijngehakt

1½ pond kippendijen zonder vel, zonder been, in dunne plakjes gesneden en in hapklare stukjes gesneden

½ kopje natuurlijke kokosmelk (zoals Nature's Way)

½ kopje kippenbottenbouillon (zie recept) of zonder zout toegevoegde kippenbouillon

1 eetlepel zoutvrije rode kerriepoeder

½ theelepel zwarte peper

½ kopje geknipte verse basilicumblaadjes

2 eetlepels vers limoensap

Ongezoete geschaafde kokosnoot (optioneel)

1. Verhit kokosolie in een extra grote koekenpan op middelhoog vuur. Voeg citroengras toe; kook en roer 1 minuut. Voeg champignons, ui, jalapeño, gember en knoflook toe; kook en roer 2 minuten of tot de ui zacht is. Voeg kip toe; kook ongeveer 3 minuten of tot de kip gaar is.

2. Meng in een kleine kom kokosmelk, kippenbottenbouillon, kerriepoeder en zwarte peper. Voeg toe aan het kippenmengsel in de koekenpan; kook gedurende 1 minuut of tot de vloeistof iets is ingedikt. Haal van het vuur; roer er verse basilicum en limoensap door. Bestrooi de porties desgewenst met kokos.

SALADE GEGRILDE KIP EN APPEL ESCAROLE

VOORBEREIDEN:30 minuten grill: 12 minuten maakt: 4 porties

ALS JE VAN EEN ZOETERE APPEL HOUDT,GA MET HONINGCRISP. ALS JE VAN EEN ZURE APPEL HOUDT, GEBRUIK DAN GRANNY SMITH OF PROBEER VOOR DE BALANS EEN MIX VAN DE TWEE VARIANTEN.

3 middelgrote Honeycrisp- of Granny Smith-appels

4 theelepels extra vierge olijfolie

½ kopje fijngehakte sjalotten

2 eetlepels geknipte verse peterselie

1 eetlepel gevogeltekruiden

3 tot 4 kroppen escarole, in vieren

1 pond gemalen kip of kalkoenfilet

⅓ kopje gehakte geroosterde hazelnoten*

⅓ kopje klassieke Franse vinaigrette (zierecept)

1. Appels halveren en ontpitten. Schil en hak 1 van de appels fijn. Verhit in een middelgrote koekenpan 1 theelepel olijfolie op middelhoog vuur. Voeg gehakte appel en sjalotten toe; kook tot ze gaar zijn. Roer de peterselie en gevogeltekruiden erdoor. Zet opzij om af te koelen.

2. Kern ondertussen de resterende 2 appels en snijd ze in partjes. Borstel gesneden zijkanten van appelpartjes en escarole met de resterende olijfolie. Meng in een grote kom de kip en het afgekoelde appelmengsel. Verdeel in acht porties; vorm elke portie in een pasteitje met een diameter van 2 inch.

3. Voor een houtskool- of gasgrill plaats je kippasteitjes en appelpartjes op een grillrek direct op middelhoog vuur. Dek af en gril 10 minuten, keer halverwege het grillen een keer. Voeg escarole toe, snij de zijkanten naar beneden. Dek af en grill gedurende 2 tot 4 minuten of tot de escarole licht verkoold is, de appels zacht zijn en de kippasteitjes klaar zijn (165 ° F).

4. Hak de escarole grof. Verdeel de escarole over vier serveerschalen. Top met kippasteitjes, appelschijfjes en hazelnoten. Besprenkel met klassieke Franse vinaigrette.

*Tip: Om hazelnoten te roosteren, verwarm de oven voor op 350 ° F. Verspreid noten in een enkele laag in een ondiepe bakvorm. Bak 8 tot 10 minuten of tot ze licht geroosterd zijn, roer één keer om gelijkmatig te roosteren. Laat de noten een beetje afkoelen. Leg de warme noten op een schone theedoek; wrijf met de handdoek om de losse vellen te verwijderen.

TOSCAANSE KIPPENSOEP MET KALE LINTEN

VOORBEREIDEN:15 minuten koken: 20 minuten maakt: 4 tot 6 porties

EEN LEPEL PESTO- UW KEUZE UIT BASILICUM OF RUCOLA - VOEGT EEN GEWELDIGE SMAAK TOE AAN DEZE HARTIGE SOEP, GEKRUID MET ZOUTVRIJE GEVOGELTEKRUIDEN. OM DE BOERENKOOLLINTEN HELDERGROEN EN ZO VOL MOGELIJK VOEDINGSSTOFFEN TE HOUDEN, KOOK ZE ALLEEN TOTDAT ZE VERWELKEN.

1 pond gemalen kip

2 eetlepels zoutloze gevogeltekruiden

1 theelepel fijn geraspte citroenschil

1 eetlepel olijfolie

1 kop gesnipperde ui

½ kopje gehakte wortelen

1 kop gehakte selderij

4 teentjes knoflook, gesneden

4 kopjes kippenbottenbouillon (zie recept) of zonder zout toegevoegde kippenbouillon

1 14,5-ounce blik zonder zout toegevoegd vuurgeroosterde tomaten, ongedraineerd

1 bos Lacinato (Toscaanse) boerenkool, stelen verwijderd, in linten gesneden

2 eetlepels vers citroensap

1 theelepel geknipte verse tijm

Basilicum of Rucola Pesto (zie recepten)

1. Meng in een middelgrote kom gemalen kip, gevogeltekruiden en citroenschil. Goed mengen.

2. Verhit olijfolie in een Nederlandse oven op middelhoog vuur. Voeg kippenmengsel, ui, wortelen en selderij toe;

kook 5 tot 8 minuten of tot de kip niet meer roze is, roer met een houten lepel om het vlees te breken en voeg de laatste 1 minuut van het koken knoflookplakken toe. Voeg Chicken Bone Bouillon en tomaten toe. Breng aan de kook; verminder hitte. Dek af en laat 15 minuten sudderen. Roer de boerenkool, het citroensap en de tijm erdoor. Laat sudderen, onbedekt, ongeveer 5 minuten of tot boerenkool net geslonken is.

3. Schep de soep in serveerschalen en garneer met basilicum of rucolapesto.

KIP LARB

DEZE VERSIE VAN HET POPULAIRE THAISE GERECHTVAN ZEER GEKRUIDE GEMALEN KIP EN GROENTEN GESERVEERD IN SLABLAADJES IS ONGELOOFLIJK LICHT EN SMAAKVOL - ZONDER DE TOEVOEGING VAN SUIKER, ZOUT EN VISSAUS (DIE ZEER VEEL NATRIUM BEVAT) DIE TRADITIONEEL DEEL UITMAKEN VAN DE INGREDIËNTENLIJST. MET KNOFLOOK, THAISE CHILIPEPERS, CITROENGRAS, LIMOENSCHIL, LIMOENSAP, MUNT EN KORIANDER MIS JE ZE NIET.

1 eetlepel geraffineerde kokosolie

2 pond gemalen kip (95% magere of gemalen borst)

8 ons champignons, fijngehakt

1 kop fijngehakte rode ui

1 tot 2 Thaise chilipepers, zonder zaadjes en fijngehakt (zietip)

2 eetlepels gehakte knoflook

2 eetlepels fijngehakt citroengras*

¼ theelepel gemalen kruidnagel

¼ theelepel zwarte peper

1 eetlepel fijngesnipperde limoenschil

½ kopje vers limoensap

⅓ kopje stevig verpakte verse muntblaadjes, gehakt

⅓ kopje strak verpakte verse koriander, gehakt

1 krop ijsbergsla, in blaadjes gescheiden

1. Verhit kokosolie in een extra grote koekenpan op middelhoog vuur. Voeg gemalen kip, champignons, ui, chili(pen), knoflook, citroengras, kruidnagel en zwarte peper toe. Kook 8 tot 10 minuten of tot de kip gaar is, roer met een houten lepel om het vlees te breken terwijl het kookt. Giet af indien nodig. Breng het kippenmengsel over

in een extra grote kom. Laat ongeveer 20 minuten afkoelen of tot iets warmer dan kamertemperatuur, af en toe roeren.

2. Roer limoenschil, limoensap, munt en koriander door het kippenmengsel. Serveer in slablaadjes.

*Tip: Om het citroengras te bereiden heb je een scherp mes nodig. Snijd de houtachtige stengel van de onderkant van de stengel en de taaie groene bladen aan de bovenkant van de plant. Verwijder de twee harde buitenste lagen. Je zou een stuk citroengras moeten hebben dat ongeveer 15 cm lang en lichtgeel-wit is. Snijd de stengel horizontaal doormidden en snijd vervolgens elke helft opnieuw doormidden. Snijd elk kwart van de stengel heel dun.

KIPBURGERS MET SZECHWAN CASHEWSAUS

VOORBEREIDEN:30 minuten koken: 5 minuten grill: 14 minuten maakt: 4 porties

DE CHILI-OLIE GEMAAKT DOOR OPWARMINGOLIJFOLIE MET GEMALEN RODE PEPER KAN OOK OP ANDERE MANIEREN WORDEN GEBRUIKT. GEBRUIK HET OM VERSE GROENTEN TE SAUTEREN - OF GOOI ZE MET WAT CHILI-OLIE VOOR HET BRADEN.

- 2 eetlepels olijfolie
- ¼ theelepel gemalen rode peper
- 2 kopjes rauwe cashewnoten, geroosterd (zietip)
- ¼ kopje olijfolie
- ½ kopje geraspte courgette
- ¼ kopje fijngehakte bieslook
- 2 teentjes knoflook, fijngehakt
- 2 theelepels fijn geraspte citroenschil
- 2 theelepels geraspte verse gember
- 1 pond gemalen kip of kalkoenfilet

SZECHWAN CASHEWSAUS

- 1 eetlepel olijfolie
- 2 eetlepels fijngehakte lente-uitjes
- 1 eetlepel geraspte verse gember
- 1 theelepel Chinees vijfkruidenpoeder
- 1 theelepel vers limoensap
- 4 blaadjes groene of botersla

1. Meng voor de chili-olie in een kleine steelpan de olijfolie en de geplette rode peper. Verwarm op laag vuur gedurende 5 minuten. Haal van het vuur; laten afkoelen.

2. Doe voor cashewboter de cashewnoten en 1 eetlepel olijfolie in een blender. Dek af en meng tot het romig is, stop zo nodig om de zijkanten af te schrapen en voeg extra olijfolie toe, 1 eetlepel per keer, tot de hele ¼ kopje is gebruikt en de boter erg zacht is; opzij zetten.

3. Meng in een grote kom de courgette, bieslook, knoflook, citroenschil en de 2 theelepels gember. Voeg gemalen kip toe; goed mengen. Vorm het kippenmengsel in vier ½-inch dikke pasteitjes.

4. Plaats voor een houtskool- of gasgrill de pasteitjes op het ingevette rooster direct op middelhoog vuur. Dek af en grill gedurende 14 tot 16 minuten of tot het gaar is (165 ° F), één keer halverwege het grillen.

5. Verhit intussen voor de saus in een kleine koekenpan de olijfolie op middelhoog vuur. Voeg de lente-uitjes en de 1 eetlepel gember toe; kook op middelhoog vuur gedurende 2 minuten of tot de lente-uitjes zacht worden. Voeg ½ kopje cashewboter toe (koel de resterende cashewboter maximaal 1 week), chili-olie, limoensap en vijfkruidenpoeder. Kook nog 2 minuten. Haal van het vuur.

6. Serveer pasteitjes op de slablaadjes. Besprenkel met saus.

TURKSE KIP WRAPS

VOORBEREIDEN:25 minuten staan: 15 minuten koken: 8 minuten maakt: 4 tot 6 porties

"BAHARAT" BETEKENT GEWOON "KRUID" IN HET ARABISCH.EEN SMAAKMAKER VOOR ALLE DOELEINDEN IN DE KEUKEN VAN HET MIDDEN-OOSTEN, HET WORDT VAAK GEBRUIKT ALS EEN RUB OP VIS, GEVOGELTE EN VLEES OF GEMENGD MET OLIJFOLIE EN GEBRUIKT ALS PLANTAARDIGE MARINADE. DE COMBINATIE VAN WARME, ZOETE KRUIDEN ZOALS KANEEL, KOMIJN, KORIANDER, KRUIDNAGEL EN PAPRIKA MAAKT HET BIJZONDER AROMATISCH. DE TOEVOEGING VAN GEDROOGDE MUNT IS EEN TURKS TINTJE.

⅓ kopje geknipte ongezwavelde gedroogde abrikozen

⅓ kopje geknipte gedroogde vijgen

1 eetlepel ongeraffineerde kokosolie

1½ pond gemalen kipfilet

3 kopjes gesneden prei (alleen witte en lichtgroene delen) (3)

⅔ middelgrote groene en/of rode paprika, in dunne plakjes gesneden

2 eetlepels Baharat Kruiden (zierecept, onderstaand)

2 teentjes knoflook, fijngehakt

1 kop gehakte tomaten zonder zaad (2 medium)

1 kop gehakte komkommer zonder zaadjes (½ van een medium)

½ kopje gehakte gepelde ongezouten pistachenoten, geroosterd (zietip)

¼ kopje geknipte verse munt

¼ kopje geknipte verse peterselie

8 tot 12 grote boterbloem- of Bibb-slabladeren

1. Doe abrikozen en vijgen in een kleine kom. Voeg ⅔ kopje kokend water toe; laat 15 minuten staan. Giet af en bewaar ½ kopje van de vloeistof.

2. Verwarm ondertussen in een extra grote koekenpan kokosolie op middelhoog vuur. Voeg gemalen kip toe; kook gedurende 3 minuten, roer met een houten lepel om het vlees tijdens het koken te breken. Voeg prei, paprika, Baharat-kruiden en knoflook toe; kook en roer ongeveer 3 minuten of tot de kip gaar is en de peper zacht is. Voeg abrikozen, vijgen, gereserveerde vloeistof, tomaten en komkommer toe. Kook en roer ongeveer 2 minuten of tot tomaten en komkommer net beginnen af te breken. Roer de pistachenoten, munt en peterselie erdoor.

3. Serveer kip en groenten in slablaadjes.

Baharat-kruiden: combineer in een kleine kom 2 eetlepels zoete paprika; 1 eetlepel zwarte peper; 2 theelepels gedroogde munt, fijngemalen; 2 theelepels gemalen komijn; 2 theelepels gemalen koriander; 2 theelepels gemalen kaneel; 2 theelepels gemalen kruidnagel; 1 theelepel gemalen nootmuskaat; en 1 theelepel gemalen kardemom. Bewaren in een goed afgesloten container bij kamertemperatuur. Maakt ongeveer ½ kopje.

SPAANSE CORNISH KIPPEN

VOORBEREIDEN:10 minuten bakken: 30 minuten braden: 6 minuten maakt: 2 tot 3 porties

DIT RECEPT KAN NIET EENVOUDIGER ZIJN- EN DE RESULTATEN ZIJN ABSOLUUT VERBLUFFEND. OVERVLOEDIGE HOEVEELHEDEN GEROOKTE PAPRIKA, KNOFLOOK EN CITROEN GEVEN DEZE KLEINE VOGELS EEN GROTE SMAAK.

2 Cornish kippen van 1½ pond, ontdooid indien ingevroren

1 eetlepel olijfolie

6 teentjes knoflook, gesnipperd

2 tot 3 eetlepels gerookte zoete paprika

¼ tot ½ theelepel cayennepeper (optioneel)

2 citroenen, in vieren

2 eetlepels geknipte verse peterselie (optioneel)

1. Verwarm de oven voor op 375°F. Om de wildkippen in vieren te snijden, gebruikt u een keukenschaar of een scherp mes om langs beide zijden van de smalle ruggengraat te snijden. Vlinder de vogel open en snijd de kip doormidden door het borstbeen. Verwijder de achterhand door de huid en het vlees dat de dijen van de borst scheidt door te snijden. Houd de vleugel en borst intact. Wrijf olijfolie over de stukken kip uit Cornwall. Bestrooi met gehakte knoflook.

2. Leg de stukken kip, met de velkant naar boven, in een extra grote koekenpan die in de oven kan. Bestrooi met gerookt paprikapoeder en cayennepeper. Knijp de kwartjes citroen uit over de kippen; voeg citroenkwarten toe aan de pan. Keer de stukken kip met de velkant naar beneden

in de pan. Dek af en bak 30 minuten. Haal de pan uit de oven.

3. Verwarm de grill voor. Draai de stukken met een tang. Stel het ovenrek in. Rooster 4 tot 5 inch van het vuur gedurende 6 tot 8 minuten tot de huid bruin is en de kippen gaar zijn (175 ° F). Besprenkel met pan-sappen. Bestrooi desgewenst met peterselie.

PISTACHE-GEROOSTERDE CORNISH-KIPPEN MET SALADE VAN RUCOLA, ABRIKOOS EN VENKEL

VOORBEREIDEN:30 minuten chill: 2 tot 12 uur braden: 50 minuten staan: 10 minuten maakt: 8 porties

EEN PISTACHE PESTO GEMAAKTMET PETERSELIE, TIJM, KNOFLOOK, SINAASAPPELSCHIL, SINAASAPPELSAP EN OLIJFOLIE WORDT ONDER DE HUID VAN ELKE VOGEL GESTOPT VOOR HET MARINEREN.

4 Cornish-vechters van 20 tot 24 ounce

3 kopjes rauwe pistachenoten

2 eetlepels geknipte verse Italiaanse (platbladige) peterselie

1 eetlepel gehakte tijm

1 grote teen knoflook, fijngehakt

2 theelepels fijn geraspte sinaasappelschil

2 eetlepels vers sinaasappelsap

¾ kopje olijfolie

2 grote uien, in dunne plakjes gesneden

½ kopje verse sinaasappelsap

2 eetlepels vers citroensap

¼ theelepel versgemalen zwarte peper

¼ theelepel droge mosterd

2 5-ounce pakjes rucola

1 grote venkelknol, dun geschaafd

2 eetlepels geknipte venkelbladeren

4 abrikozen, ontpit en in dunne partjes gesneden

1. Spoel de binnenkant van de holten van Cornish-wildkippen. Bind de poten samen met keukentouw van 100% katoen. plooi vleugels onder lichamen; opzij zetten.

112

2. Meng in een keukenmachine of blender pistachenoten, peterselie, tijm, knoflook, sinaasappelschil en sinaasappelsap. Verwerk tot zich een grove pasta vormt. Voeg, terwijl de processor draait, ¼ kopje olijfolie toe in een langzame, gestage stroom.

3. Maak met de vingers de huid aan de borstzijde van een kip los om een zak te maken. Verdeel een vierde van het pistachemengsel gelijkmatig onder de huid. Herhaal met de resterende kippen en het pistachemengsel. Verspreid gesneden uien over de bodem van de braadpan; leg de kippen met de borst naar boven op de uien. Dek af en zet 2 tot 12 uur in de koelkast.

4. Verwarm de oven voor op 425 ° F. Rooster kippen gedurende 30 tot 35 minuten of totdat een direct afleesbare thermometer in een binnenkant van de dijspier 175 ° F registreert.

5. Meng ondertussen voor de dressing in een kleine kom sinaasappelsap, citroensap, peper en mosterd. Goed mengen. Voeg de resterende ½ kopje olijfolie toe in een langzame, gestage stroom, onder voortdurend roeren.

6. Meng voor een salade in een grote kom rucola, venkel, venkelbladeren en abrikozen. Besprenkel licht met dressing; goed gooien. Reserveer extra dressing voor een ander doel.

7. Haal kippen uit de oven; tent losjes met folie en laat 10 minuten staan. Verdeel de salade voor het serveren gelijkmatig over acht borden. Halveer de kippen in de lengte; leg kiphelften op salades. Serveer onmiddellijk.

EENDENBORST MET GRANAATAPPEL EN JICAMA-SALADE

VOORBEREIDEN:15 minuten koken: 15 minuten maakt: 4 porties

EEN RUITPATROON SNIJDEN IN DEVET VAN DE EENDENBORSTEN LAAT HET VET ERUIT LOPEN ALS DE MET GARAM MASALA GEKRUIDE BORSTEN KOKEN. DE DRIPPINGS WORDEN GECOMBINEERD MET JICAMA, GRANAATAPPELPITJES, SINAASAPPELSAP EN RUNDERBOUILLON EN GEMENGD MET PEPERIGE GROENTEN OM ZE EEN BEETJE TE VERWELKEN.

4 Barbarijse eendenborsten zonder botten (ongeveer 1½ tot 2 pond in totaal)

1 eetlepel garam masala

1 eetlepel ongeraffineerde kokosolie

2 kopjes in blokjes gesneden, geschilde jicama

½ kopje granaatappelpitjes

¼ kopje verse sinaasappelsap

¼ kopje runderbottenbouillon (zierecept) of zonder zout toegevoegde runderbouillon

3 kopjes waterkers, stelen verwijderd

3 kopjes gescheurde frisée en/of dun gesneden witlof

1. Maak met een scherp mes ondiepe sneden in ruitpatronen in het vet van eendenborst met tussenpozen van 1 inch. Bestrooi beide kanten van de borsthelften met de garam masala. Verhit een extra grote koekenpan op middelhoog vuur. Smelt de kokosolie in de hete koekenpan. Leg de borsthelften met de velkant naar beneden in de pan. Bak 8 minuten met de huid naar beneden en pas op dat ze niet te snel bruin worden (verlaag indien nodig het vuur). Draai eendenborst om; kook nog 5 tot 6 minuten of totdat een direct afleesbare thermometer in de borsthelften 145

° F voor medium registreert. Verwijder de borsthelften en bewaar de druppels in een koekenpan; dek af met folie om warm te houden.

2. Voeg voor dressing jicama toe aan drippings in de koekenpan; kook en roer 2 minuten op middelhoog vuur. Voeg granaatappelpitjes, sinaasappelsap en Beef Bone Bouillon toe aan de koekenpan. Breng aan de kook; onmiddellijk van het vuur halen.

3. Meng voor een salade in een grote kom waterkers en frisée. Giet hete dressing over greens; gooi om te coaten.

4. Verdeel de salade over vier borden. Snijd de eendenborst in dunne plakjes en verdeel over salades.

GEROOSTERDE KALKOEN MET KNOFLOOK WORTELS

VOORBEREIDEN:1 uur braden: 2 uur 45 minuten staan: 15 minuten maakt: 12 tot 14 porties

ZOEK NAAR EEN KALKOEN DIE HEEFTNIET IS GEÏNJECTEERD MET EEN ZOUTOPLOSSING. ALS OP HET ETIKET 'VERBETERD' OF 'ZELFBEDRUIPEND' STAAT, ZIT HET WAARSCHIJNLIJK VOL MET NATRIUM EN ANDERE TOEVOEGINGEN.

1 kalkoen van 12 tot 14 pond

2 eetlepels Mediterrane Kruiden (zierecept)

¼ kopje olijfolie

3 pond middelgrote wortelen, geschild, bijgesneden en in de lengte gehalveerd of in vieren gedeeld

1 recept Knoflookpuree (zie .)recept, onderstaand)

1. Verwarm de oven voor op 425 ° F. Verwijder nek en ingewanden van kalkoen; reserveer eventueel voor een ander gebruik. Maak de huid voorzichtig los van de rand van de borst. Ga met je vingers onder de huid om een zak te maken bovenop de borst en bovenop de drumsticks. Lepel 1 eetlepel Mediterrane Kruiden onder het vel; gebruik je vingers om het gelijkmatig over de borst en drumsticks te verdelen. Nekvel naar achteren trekken; zet vast met een satéprikker. Steek de uiteinden van de drumsticks onder de huidband over de staart. Als er geen huidband is, bind dan de drumsticks stevig aan de staart vast met 100% katoenen keukentouw. Draai de vleugeltips onder de rug.

2. Leg de kalkoen met de borst naar boven op een rooster in een ondiepe, extra grote braadpan. Bestrijk de kalkoen

118

met 2 eetlepels olie. Bestrooi de kalkoen met de resterende mediterrane kruiden. Steek een vleesthermometer in de oven in het midden van een binnenkant van de dijspier; de thermometer mag het bot niet raken. Dek de kalkoen losjes af met folie.

3. Rooster gedurende 30 minuten. Verlaag de oventemperatuur tot 325 ° F. Rooster 1½ uur. Meng in een extra grote kom wortelen en de resterende 2 eetlepels olie; gooi om te coaten. Spreid wortelen in een grote omrande bakvorm. Verwijder de folie van de kalkoen en snijd de band van huid of touw tussen drumsticks. Rooster wortelen en kalkoen gedurende 45 minuten tot 1¼ uur langer of tot de thermometer 175 ° F registreert.

4. Haal de kalkoen uit de oven. Omslag; laat 15 tot 20 minuten staan alvorens aan te snijden. Serveer kalkoen met wortelen en knoflookpuree.

Garlicky Mashed Roots: Trim en schil 3 tot 3½ pond rutabagas en 1½ tot 2 pond knolselderij; in stukken van 2 inch snijden. In een pan van 6 liter kook je rutabagas en knolselderij in voldoende kokend water om 25 tot 30 minuten te bedekken of tot ze zacht zijn. Meng ondertussen in een kleine steelpan 3 eetlepels extra vierge olie en 6 tot 8 teentjes gehakte knoflook. Kook op laag vuur gedurende 5 tot 10 minuten of tot de knoflook erg geurig is maar niet bruin. Voeg voorzichtig ¾ kopje kippenbottenbouillon toe (zie recept) of kippenbouillon zonder toegevoegde zout. Breng aan de kook; van het vuur halen. Giet de groenten af en doe terug in de pan. Pureer groenten met een aardappelstamper of klop met een elektrische mixer op laag. Voeg ½ theelepel zwarte peper toe. Pureer of klop geleidelijk in het bouillonmengsel tot de groenten zijn gecombineerd en bijna glad zijn. Voeg indien nodig een extra ¼ kopje Chicken Bone Broth toe om de gewenste consistentie te verkrijgen.

GEVULDE KALKOENBORST MET PESTOSAUS EN RUCOLA SALADE

VOORBEREIDEN:30 minuten braden: 1 uur 30 minuten staan: 20 minuten maakt: 6 porties

DIT IS VOOR DE LIEFHEBBERS VAN WIT VLEESDAARBUITEN - EEN KNAPPERIGE KALKOENBORST GEVULD MET GEDROOGDE TOMATEN, BASILICUM EN MEDITERRANE KRUIDEN. RESTJES MAKEN EEN GEWELDIGE LUNCH.

1 kop ongezwavelde gedroogde tomaten (niet in olie verpakt)

1 4-pond kalkoenborst zonder been met vel

3 theelepels Mediterrane Kruiden (zierecept)

1 kop losjes verpakte verse basilicumblaadjes

1 eetlepel olijfolie

8 ons babyrucola

3 grote tomaten, gehalveerd en in plakjes

¼ kopje olijfolie

2 eetlepels rode wijnazijn

Zwarte peper

1½ kopje basilicumpesto (zierecept)

1. Verwarm de oven voor op 375 ° F. Giet in een kleine kom voldoende kokend water over gedroogde tomaten om te bedekken. Laat 5 minuten staan; afgieten en fijn hakken.

2. Leg de kalkoenfilet met de velkant naar beneden op een groot stuk plasticfolie. Leg nog een vel plasticfolie over kalkoen. Gebruik de platte kant van een vleeshamer en klop de borst voorzichtig tot een gelijkmatige dikte, ongeveer ¾ inch dik. Gooi plasticfolie weg. Strooi 1½ theelepel Mediterrane Kruiden over het vlees. Garneer met de tomaten en basilicumblaadjes. Rol de kalkoenfilet

voorzichtig op, waarbij het vel aan de buitenkant blijft. Gebruik keukentouw van 100% katoen om het gebraad op vier tot zes plaatsen vast te binden. Bestrijk met 1 eetlepel olijfolie. Bestrooi het gebraad met de resterende 1½ theelepel mediterrane kruiden.

3. Plaats het gebraad op een rooster in een ondiepe pan met het vel naar boven. Rooster, onbedekt, gedurende 1½ uur of totdat een direct afleesbare thermometer in de buurt van het midden 165 ° F registreert en de schil goudbruin en knapperig is. Haal de kalkoen uit de oven. Dek losjes af met folie; laat 20 minuten staan alvorens aan te snijden.

4. Meng voor rucolasalade in een grote kom rucola, tomaten, ¼ kopje olijfolie, de azijn en peper naar smaak. Verwijder de snaren van het gebraad. Snijd kalkoen in dunne plakjes. Serveer met rucolasalade en basilicumpesto.

GEKRUIDE KALKOENBORST MET KERSEN BBQ SAUS

VOORBEREIDEN:15 minuten braden: 1 uur 15 minuten staan: 45 minuten maakt: 6 tot 8 porties

DIT IS EEN LEKKER RECEPT VOOREEN MENIGTE BEDIENEN OP EEN BARBECUE IN DE ACHTERTUIN ALS JE IETS ANDERS WILT DOEN DAN HAMBURGERS. SERVEER HET MET EEN KNAPPERIGE SALADE, ZOALS EEN KNAPPERIGE BROCCOLISALADE (ZIERECEPT) OF GESCHAAFDE SPRUITJESSALADE (ZIERECEPT).

1 4- tot 5-pond hele kalkoenborst met bot

3 eetlepels Rokerige Kruiden (zierecept)

2 eetlepels vers citroensap

3 eetlepels olijfolie

1 kopje droge witte wijn, zoals Sauvignon Blanc

1 kopje verse of bevroren ongezoete Bing-kersen, ontpit en gehakt

⅓ kopje water

1 kop BBQ-saus (zierecept)

1. Laat kalkoenborst 30 minuten op kamertemperatuur staan. Verwarm de oven voor op 325°F. Leg de kalkoenfilet met het vel naar boven op een rooster in een braadslee.

2. Meng in een kleine kom de Smoky Seasoning, het citroensap en de olijfolie tot een pasta. Maak de schil van het vlees los; Smeer de helft van de pasta voorzichtig onder het vel op het vlees. Verdeel de resterende pasta gelijkmatig over de huid. Giet de wijn op de bodem van de braadslee.

3. Rooster 1¼ tot 1½ uur of tot de schil goudbruin is en een direct afleesbare thermometer die in het midden van het gebraad is gestoken (zonder het bot aan te raken) 170°F

registreert, draai de braadpan halverwege de kooktijd om. Laat 15 tot 30 minuten staan alvorens aan te snijden.

4. Ondertussen, voor Cherry BBQ Sauce, in een middelgrote pan de kersen en het water combineren. Breng aan de kook; verminder hitte. Sudderen, onbedekt, gedurende 5 minuten. Roer de BBQ-saus erdoor; 5 minuten sudderen. Serveer warm of op kamertemperatuur bij de kalkoen.

IN WIJN GESTOOFDE KALKOENHAAS

VOORBEREIDEN:30 minuten koken: 35 minuten maakt: 4 porties

DE IN DE PAN AANGEBRADEN KALKOEN KOKENIN EEN COMBINATIE VAN WIJN, GEHAKTE ROMA-TOMATEN, KIPPENBOUILLON, VERSE KRUIDEN EN GEMALEN RODE PEPER GEEFT HET EEN GEWELDIGE SMAAK. SERVEER DIT STOOFGERECHT IN ONDIEPE KOMMEN EN MET GROTE LEPELS OM BIJ ELKE HAP WAT VAN DE SMAKELIJKE BOUILLON TE KRIJGEN.

2 8- tot 12-ounce kalkoenhaasjes, in stukjes van 1 inch gesneden

2 eetlepels zoutloze gevogeltekruiden

2 eetlepels olijfolie

6 teentjes knoflook, gehakt (1 eetlepel)

1 kop gesnipperde ui

½ kopje gehakte selderij

6 roma-tomaten, gezaaid en in stukjes gesneden (ongeveer 3 kopjes)

½ kopje droge witte wijn, zoals Sauvignon Blanc

½ kopje kippenbottenbouillon (zierecept) of zonder zout toegevoegde kippenbouillon

½ theelepel fijngesneden verse rozemarijn

¼ tot ½ theelepel gemalen rode peper

½ kopje verse basilicumblaadjes, gehakt

½ kopje geknipte verse peterselie

1. Gooi in een grote kom kalkoenstukjes met gevogeltekruiden om te coaten. Verhit in een extra grote koekenpan met antiaanbaklaag 1 eetlepel olijfolie op middelhoog vuur. Kook kalkoen in porties in hete olie tot ze aan alle kanten bruin zijn. (Turkije hoeft niet gaar te zijn.) Leg op een bord en houd warm.

2. Voeg de resterende 1 eetlepel olijfolie toe aan de pan.
   Verhoog het vuur tot middelhoog. Voeg de knoflook toe;
   kook en roer 1 minuut. Voeg ui en selderij toe; kook en
   roer 5 minuten. Voeg de kalkoen en eventuele sappen van
   het bord, tomaten, wijn, kippenbottenbouillon, rozemarijn
   en gemalen rode peper toe. Zet het vuur lager tot medium-
   laag. Dek af en kook gedurende 20 minuten, af en toe
   roeren. Voeg basilicum en peterselie toe. Ontdek en kook
   nog 5 minuten of tot de kalkoen niet meer roze is.

IN DE PAN GEBAKKEN KALKOENFILET MET BIESLOOK SCAMPISAUS

VOORBEREIDEN:30 minuten koken: 15 minuten maakt: 4 portiesFOTO

OM DE KALKOENHAAS DOORMIDDEN TE SNIJDENHORIZONTAAL ZO GELIJKMATIG MOGELIJK, DRUK ZE LICHTJES MET DE PALM VAN UW HAND NAAR BENEDEN EN OEFEN CONSTANTE DRUK UIT TERWIJL U DOOR HET VLEES SNIJDT.

¼ kopje olijfolie

2 8- tot 12-ounce kalkoenborsthaasjes, horizontaal doormidden gesneden

¼ theelepel versgemalen zwarte peper

3 eetlepels olijfolie

4 teentjes knoflook, fijngehakt

8 ons gepelde en ontdarmde middelgrote garnalen, staarten verwijderd en in de lengte gehalveerd

¼ kopje droge witte wijn, Chicken Bone Broth (zierecept), of kippenbouillon zonder toegevoegde zout

2 eetlepels geknipte verse bieslook

½ theelepel fijn geraspte citroenschil

1 eetlepel vers citroensap

Pompoennoedels en Tomaten (zierecept, hieronder) (optioneel)

1. Verhit in een extra grote koekenpan 1 eetlepel olijfolie op middelhoog vuur. Voeg kalkoen toe aan de koekenpan; bestrooi met peper. Zet het vuur lager tot medium. Kook gedurende 12 tot 15 minuten of tot het niet meer roze is en de sappen helder zijn (165 ° F), één keer halverwege de kooktijd. Haal de kalkoensteaks uit de pan. Dek af met folie om warm te houden.

2. Verhit voor saus in dezelfde koekenpan de 3 eetlepels olie op middelhoog vuur. Voeg knoflook toe; kook gedurende

30 seconden. Roer de garnalen erdoor; kook en roer 1 minuut. Roer wijn, bieslook en citroenschil erdoor; kook en roer nog 1 minuut of tot de garnalen ondoorzichtig zijn. Haal van het vuur; roer het citroensap erdoor. Om te serveren, lepel saus over kalkoensteaks. Serveer desgewenst met Squash Noodles en Tomaten.

Pompoennoedels en tomaten: Snijd met een mandoline- of julienneschiller 2 gele zomerpompoenen in juliennereepjes. Verhit in een grote koekenpan 1 eetlepel extra vierge olijfolie op middelhoog vuur. Voeg squashreepjes toe; 2 minuten koken. Voeg 1 kopje in vieren gesneden druiventomaten en ¼ theelepel versgemalen zwarte peper toe; kook nog 2 minuten of tot de pompoen knapperig is.

GESTOOFDE KALKOENBOUTEN MET WORTELGROENTEN

VOORBEREIDEN:30 minuten koken: 1 uur 45 minuten maakt: 4 porties

DIT IS EEN VAN DIE GERECHTENJE WILT MAKEN OP EEN FRISSE HERFSTMIDDAG WANNEER JE TIJD HEBT OM EEN WANDELING TE MAKEN TERWIJL HET IN DE OVEN SUDDERT. ALS DE OEFENING GEEN EETLUST OPWEKT, ZAL HET HEERLIJKE AROMA ALS JE DOOR DE DEUR LOOPT DAT ZEKER DOEN.

3 eetlepels olijfolie

4 kalkoenpoten van 20 tot 24 ounce

½ theelepel versgemalen zwarte peper

6 teentjes knoflook, gepeld en geplet

1½ theelepel venkelzaad, gekneusd

1 theelepel hele piment, gekneusd*

1½ kopjes kippenbottenbouillon (zie recept) of zonder zout toegevoegde kippenbouillon

2 takjes verse rozemarijn

2 takjes verse tijm

1 laurierblad

2 grote uien, gepeld en elk in 8 partjes gesneden

6 grote wortelen, geschild en in plakjes van 1 inch gesneden

2 grote rapen, geschild en in blokjes van 1 inch gesneden

2 middelgrote pastinaken, geschild en in plakjes van 1 inch gesneden**

1 knolselderij, geschild en in stukken van 1 inch gesneden

1. Verwarm de oven voor op 350 ° F. Verhit de olijfolie in een grote koekenpan op middelhoog vuur tot hij glinstert. Voeg 2 van de kalkoenpoten toe. Bak ongeveer 8 minuten of tot de poten goudbruin en knapperig zijn aan alle kanten, en gelijkmatig bruin worden. Breng kalkoenpoten

over naar een bord; herhaal met de resterende 2 kalkoenpoten. Opzij zetten.

2. Voeg peper, knoflook, venkelzaad en pimentzaad toe aan de pan. Kook en roer op middelhoog vuur gedurende 1 tot 2 minuten of tot het geurig is. Roer de kippenbottenbouillon, rozemarijn, tijm en laurier erdoor. Breng aan de kook, roer om gebruinde stukjes van de bodem van de pan te schrapen. Haal de pan van het vuur en zet opzij.

3. Combineer uien, wortelen, rapen, pastinaken en knolselderij in een extra grote Nederlandse oven met een goed sluitend deksel. Voeg vloeistof uit de pan toe; gooi om te coaten. Druk de kalkoenbouten in het groentemengsel. Afdekken met deksel.

4. Bak ongeveer 1 uur en 45 minuten of tot de groenten zacht zijn en de kalkoen gaar is. Serveer kalkoenpoten en groenten in grote ondiepe kommen. Sprenkel de sappen uit de pan erover.

*Tip: Om piment- en venkelzaadjes te kneuzen, leg je de zaden op een snijplank. Druk met een platte kant van een koksmes naar beneden om de zaden lichtjes te pletten.

**Tip: Snijd grote stukken van de bovenkant van de pastinaak in blokjes.

GEKRUID KALKOENGEHAKTBROOD MET GEKARAMELISEERDE UIENKETCHUP EN GEROOSTERDE KOOLWIGGEN

VOORBEREIDEN:15 minuten koken: 30 minuten bakken: 1 uur 10 minuten staan: 5 minuten maakt: 4 porties

KLASSIEK GEHAKTBROOD MET KETCHUP IS ZEKEROP HET PALEOMENU ALS DE KETCHUP (ZIE<u>RECEPT</u>) IS VRIJ VAN ZOUT EN TOEGEVOEGDE SUIKERS. HIER WORDT DE KETCHUP GEMENGD MET GEKARAMELISEERDE UIEN, DIE VOOR HET BAKKEN OP HET GEHAKTBROOD WORDEN GESTAPELD.

1½ pond gemalen kalkoen

2 eieren, licht geklopt

½ kopje amandelmeel

⅓ kopje geknipte verse peterselie

¼ kopje dun gesneden lente-uitjes (2)

1 eetlepel gesneden verse salie of 1 theelepel gedroogde salie, geplet

1 eetlepel geknipte verse tijm of 1 theelepel gedroogde tijm, geplet

¼ theelepel zwarte peper

2 eetlepels olijfolie

2 zoete uien, gehalveerd en in dunne plakjes gesneden

1 kopje Paleo Ketchup (zie<u>recept</u>)

1 kleine kool, gehalveerd, klokhuis verwijderd en in 8 partjes gesneden

½ tot 1 theelepel gemalen rode peper

1. Verwarm de oven voor op 350 ° F. Bekleed een grote braadpan met bakpapier; opzij zetten. Meng in een grote kom gemalen kalkoen, eieren, amandelmeel, peterselie, lente-uitjes, salie, tijm en zwarte peper. Vorm in de

voorbereide braadpan het kalkoenmengsel in een 8 × 4-inch brood. Bak gedurende 30 minuten.

2. Verwarm intussen voor de gekarameliseerde uienketchup in een grote koekenpan 1 eetlepel olijfolie op middelhoog vuur. Voeg uien toe; kook ongeveer 5 minuten of tot de uien net bruin beginnen te worden, onder regelmatig roeren. Zet het vuur laag tot medium-laag; kook ongeveer 25 minuten of tot ze goudbruin en heel zacht zijn, af en toe roeren. Haal van het vuur; roer de Paleo Ketchup erdoor.

3. Schep wat van de gekarameliseerde uienketchup over het kalkoenbrood. Schik de koolpartjes rond het brood. Besprenkel de kool met de resterende 1 eetlepel olijfolie; bestrooi met gemalen rode peper. Bak ongeveer 40 minuten of tot een direct afleesbare thermometer in het midden van het brood 165 ° F registreert, bedek met extra gekarameliseerde uienketchup en draai de koolwiggen na 20 minuten. Laat het kalkoenbrood 5 tot 10 minuten staan voordat je het aansnijdt.

4. Serveer het kalkoenbrood met de koolpartjes en eventueel overgebleven gekarameliseerde uienketchup.

TURKIJE POSOLE

VOORBEREIDEN:20 minuten braden: 8 minuten koken: 16 minuten maakt: 4 porties

DE TOPPINGS VAN DEZE VERWARMENDE SOEP IN MEXICAANSE STIJLZIJN MEER DAN GARNITUREN. DE KORIANDER VOEGT EEN ONDERSCHEIDENDE SMAAK TOE, AVOCADO ZORGT VOOR ROMIGHEID EN GEROOSTERDE PEPITA'S ZORGEN VOOR EEN HEERLIJKE CRUNCH.

8 verse tomatillo's

1¼ tot 1½ pond gemalen kalkoen

1 rode paprika, zonder zaadjes en in dunne reepjes gesneden

½ kopje gesnipperde ui (1 medium)

6 teentjes knoflook, gehakt (1 eetlepel)

1 eetlepel Mexicaanse kruiden (zierecept)

2 kopjes kippenbottenbouillon (zierecept) of zonder zout toegevoegde kippenbouillon

1 14,5-ounce blik zonder zout toegevoegd vuurgeroosterde tomaten, ongedraineerd

1 jalapeño of serrano chili peper, zonder zaadjes en fijngehakt (zietip)

1 middelgrote avocado, gehalveerd, geschild, ontpit en in dunne plakjes gesneden

¼ kopje ongezouten pepitas, geroosterd (zietip)

¼ kopje geknipte verse koriander

partjes limoen

1. Verwarm de grill voor. Verwijder de kaf van de tomatillo's en gooi ze weg. Was de tomatillo's en snijd ze doormidden. Leg de tomatillohelften op het onverwarmde rooster van een grillpan. Rooster 4 tot 5 inch van het vuur gedurende 8 tot 10 minuten of tot het licht verkoold is, eenmaal halverwege het roosteren. Laat iets afkoelen op een pan op een rooster.

2. Kook ondertussen in een grote koekenpan kalkoen, paprika en ui op middelhoog vuur gedurende 5 tot 10 minuten of tot de kalkoen bruin is en de groenten zacht zijn, roer met een houten lepel om het vlees tijdens het koken te breken. Giet eventueel vet af. Voeg knoflook en Mexicaanse kruiden toe. Kook en roer nog 1 minuut.

3. Meng in een blender ongeveer tweederde van de verkoolde tomatillo's en 1 kopje kippenbottenbouillon. Dek af en mix tot een gladde massa. Voeg toe aan het kalkoenmengsel in de koekenpan. Roer de resterende 1 kop Chicken Bone Broth, ongedraineerde tomaten en chilipeper erdoor. Hak de overige tomatillo's grof; voeg toe aan het kalkoenmengsel. Breng aan de kook; verminder hitte. Dek af en laat 10 minuten sudderen.

4. Schep de soep in ondiepe serveerschalen om te serveren. Top met avocado, pepitas en koriander. Passeer partjes limoen om over soep te persen.

KIPPENBOTTENBOUILLON

VOORBEREIDEN:15 minuten braden: 30 minuten koken: 4 uur koelen: 's nachts maakt: ongeveer 10 kopjes

VOOR DE MEEST VERSE, BESTE SMAAK - EN HOOGSTEVOEDINGSWAARDE - GEBRUIK ZELFGEMAAKTE KIPPENBOUILLON IN UW RECEPTEN. (HET BEVAT OOK GEEN ZOUT, CONSERVEERMIDDELEN OF ADDITIEVEN.) HET ROOSTEREN VAN DE BOTTEN VOORDAT HET SUDDEREN VERBETERT DE SMAAK. TERWIJL ZE LANGZAAM IN VLOEISTOF KOKEN, DOORDRENKEN DE BOTTEN DE BOUILLON MET MINERALEN ZOALS CALCIUM, FOSFOR, MAGNESIUM EN KALIUM. DE SLOWCOOKER-VARIANT HIERONDER MAAKT HET BIJZONDER GEMAKKELIJK OM TE DOEN. VRIES HET IN IN BAKJES MET 2 OF 4 KOPJES EN ONTDOOI ALLEEN WAT JE NODIG HEBT.

2 pond kippenvleugels en ruggen

4 wortelen, in stukjes

2 grote preien, alleen het witte en lichtgroene deel, in dunne plakjes gesneden

2 stengels bleekselderij met blaadjes, grof gesneden

1 pastinaak, grof gesneden

6 grote takjes Italiaanse (platbladige) peterselie

6 takjes verse tijm

4 teentjes knoflook, gehalveerd

2 theelepels hele zwarte peperkorrels

2 hele kruidnagels

Koud water

1. Verwarm de oven voor op 425 ° F. Schik kippenvleugels en ruggen op een grote bakplaat; rooster 30 tot 35 minuten of tot ze goed bruin zijn.

2. Breng gebruinde stukjes kip en alle gebruinde stukjes die zich op de bakplaat hebben verzameld over naar een grote soeppan. Voeg wortelen, prei, selderij, pastinaak, peterselie, tijm, knoflook, peperkorrels en kruidnagel toe. Voeg voldoende koud water (ongeveer 12 kopjes) toe aan een grote soeppan om kip en groenten te bedekken. Breng aan de kook op middelhoog vuur; pas de hitte aan om de bouillon op een zeer laag pitje te houden, met bubbels die net het oppervlak breken. Dek af en laat 4 uur sudderen.

3. Zeef de hete bouillon door een groot vergiet bekleed met twee lagen vochtige 100% katoenen kaasdoek. Gooi vaste stoffen weg. Dek de bouillon af en laat een nacht afkoelen. Verwijder voor gebruik de vetlaag van de bouillon en gooi deze weg.

Tip: Om de bouillon te verduidelijken (optioneel), combineer in een kleine kom 1 eiwit, 1 geplette eierschaal en ¼ kopje koud water. Roer het mengsel in de gezeefde bouillon in de pot. Keer terug naar het koken. Haal van het vuur; laat 5 minuten staan. Zeef de hete bouillon door een vergiet bekleed met een verse dubbele laag 100% katoenen kaasdoek. Koel en verwijder vet voor gebruik.

Aanwijzingen voor de slowcooker: Bereid je voor zoals aangegeven, behalve in stap 2 plaats je de ingrediënten in een slowcooker van 5 tot 6 kwart gallon. Dek af en kook op laag vuur gedurende 12 tot 14 uur. Ga verder zoals aangegeven in stap 3. Maakt ongeveer 10 kopjes.

GROENE HARISSA ZALM

VOORBEREIDEN:25 minuten bakken: 10 minuten grillen: 8 minuten maakt: 4 portiesFOTO

ER WORDT EEN STANDAARD DUNSCHILLER GEBRUIKTOM VERSE RAUWE ASPERGES IN DUNNE LINTEN TE SCHAVEN VOOR DE SALADE. GEGOOID MET HELDERE CITRUSVINAIGRETTE (ZIERECEPT) EN GEGARNEERD MET ROKERIG GEROOSTERDE ZONNEBLOEMPITTEN, HET IS EEN VERFRISSENDE AANVULLING OP DE ZALM EN PITTIGE GROENE KRUIDENSAUS.

ZALM

4 6- tot 8-ounce verse of bevroren zalmfilets zonder vel, ongeveer 1 inch dik

Olijfolie

HARISSA

1½ theelepel komijnzaad

1½ theelepel korianderzaad

1 kop strak verpakte verse peterseliebladeren

1 kop grof gehakte verse koriander (bladeren en stengels)

2 jalapeños, zonder zaadjes en grof gehakt (zietip)

1 lente-uitje, in stukjes gesneden

2 teentjes knoflook

1 theelepel fijn geraspte citroenschil

2 eetlepels vers citroensap

⅓ kopje olijfolie

GEKRUIDE ZONNEBLOEMPITTEN

⅓ kopje rauwe zonnebloempitten

1 theelepel olijfolie

1 theelepel Rokerige Kruiden (zierecept)

SALADE

12 grote aspergesperen, bijgesneden (ongeveer 1 pond)

⅓ kopje Bright Citrus Vinaigrette (zie recept)

1. Ontdooi vis, indien bevroren; dep droog met keukenpapier. Bestrijk beide kanten van de vis licht met olijfolie. Opzij zetten.

2. Rooster voor harissa in een kleine koekenpan komijnzaad en korianderzaad op middelhoog vuur gedurende 3 tot 4 minuten of tot ze licht geroosterd en geurig zijn. Meng in een keukenmachine geroosterde komijn- en korianderzaadjes, de peterselie, koriander, jalapeños, lente-uitjes, knoflook, citroenschil, citroensap en olijfolie. Verwerk tot een gladde massa. Opzij zetten.

3. Voor gekruide zonnebloempitten, verwarm de oven voor op 300°F. Bekleed een bakplaat met bakpapier; opzij zetten. Combineer zonnebloempitten en 1 theelepel olijfolie in een kleine kom. Strooi de Smoky Seasoning over de zaden; roer om te coaten. Verdeel de zonnebloempitten gelijkmatig over het bakpapier. Bak ongeveer 10 minuten of tot het licht geroosterd is.

4. Plaats voor een houtskool- of gasgrill de zalm op een ingevet grillrek direct op middelhoog vuur. Dek af en grill gedurende 8 tot 12 minuten of tot de vis begint te schilferen wanneer getest met een vork, eenmaal halverwege het grillen.

5. Ondertussen, voor salade, met behulp van een dunschiller, schaaf de asperges in lange dunne linten. Breng over naar een schaal of middelgrote kom. (De punten breken af naarmate de speren dunner worden; voeg ze toe aan een schaal of schaal.) Sprenkel de Bright Citrus Vinaigrette

over de geschoren speren. Bestrooi met gekruide zonnebloempitten.

6. Leg voor het serveren een filet op elk van de vier borden; lepel wat van de groene harissa op elke filet. Serveer met geschaafde aspergesalade.

GEGRILDE ZALM MET GEMARINEERDE ARTISJOK HART SALADE

VOORBEREIDEN:20 minuten grill: 12 minuten maakt: 4 porties

VAAK DE BESTE HULPMIDDELEN VOOR HET GOOIEN VAN EEN SALADEZIJN JE HANDEN. DE MALSE SLA EN GEGRILDE ARTISJOKKEN GELIJKMATIG IN DEZE SALADE VERWERKEN, KUNT U HET BESTE MET SCHONE HANDEN DOEN.

4 6-ounce verse of bevroren zalmfilets

1 9-ounce pakket bevroren artisjokharten, ontdooid en uitgelekt

5 eetlepels olijfolie

2 eetlepels fijngehakte sjalotten

1 eetlepel fijn geraspte citroenschil

¼ kopje vers citroensap

3 eetlepels geknipte verse oregano

½ theelepel versgemalen zwarte peper

1 eetlepel Mediterrane Kruiden (zierecept)

1 5-ounce verpakking gemengde babysla

1. Ontdooi vis, indien bevroren. Spoel vis; dep droog met keukenpapier. Zet vis opzij.

2. Meng in een middelgrote kom artisjokharten met 2 eetlepels olijfolie; opzij zetten. Meng in een grote kom 2 eetlepels olijfolie, de sjalotten, citroenschil, citroensap en oregano; opzij zetten.

3. Plaats voor een houtskool- of gasgrill de artisjokharten in een grillmand en grill direct op middelhoog vuur. Dek af en grill gedurende 6 tot 8 minuten of tot ze mooi verkoold en verwarmd zijn, onder regelmatig roeren. Haal de artisjokken van de grill. Laat 5 minuten afkoelen en voeg

dan de artisjokken toe aan het sjalottenmengsel. Kruid met peper; gooi om te coaten. Opzij zetten.

4. Bestrijk de zalm met de resterende 1 eetlepel olijfolie; bestrooi met de mediterrane kruiden. Leg de zalm op het grillrooster, met de gekruide kanten naar beneden, direct op middelhoog vuur. Dek af en gril gedurende 6 tot 8 minuten of tot de vis begint te schilferen als je hem test met een vork, en draai hem halverwege het grillen voorzichtig een keer om.

5. Voeg sla toe aan de kom met gemarineerde artisjokken; gooi voorzichtig om te coaten. Serveer de salade met gegrilde zalm.

FLASH-GEROOSTERDE CHILI-SALIE ZALM MET GROENE TOMATENSALSA

VOORBEREIDEN:35 minuten chill: 2 tot 4 uur braden: 10 minuten maakt: 4 porties

"FLASH-ROASTING" VERWIJST NAAR DE TECHNIEKDOOR EEN DROGE KOEKENPAN IN DE OVEN OP HOGE TEMPERATUUR TE VERWARMEN, WAT OLIE EN DE VIS, KIP OF VLEES TOE TE VOEGEN (HET SIST!), EN HET GERECHT IN DE OVEN AF TE MAKEN. FLASH-ROASTING VERKORT DE KOOKTIJD EN ZORGT VOOR EEN HEERLIJK KNAPPERIGE KORST AAN DE BUITENKANT - EN EEN SAPPIG, SMAAKVOL INTERIEUR.

ZALM

4 5- tot 6-ounce verse of bevroren zalmfilets

3 eetlepels olijfolie

¼ kopje fijngehakte ui

2 teentjes knoflook, gepeld en in plakjes

1 eetlepel gemalen koriander

1 theelepel gemalen komijn

2 theelepels zoete paprika

1 theelepel gedroogde oregano, geplet

¼ theelepel cayennepeper

⅓ kopje vers limoensap

1 eetlepel gesneden verse salie

GROENE TOMATEN SALSA

1½ kopjes in blokjes gesneden stevige groene tomaten

⅓ kopje fijngehakte rode ui

2 eetlepels geknipte verse koriander

1 jalapeño, zonder zaadjes en fijngehakt (zietip)

1 teentje knoflook, fijngehakt

½ theelepel gemalen komijn

¼ theelepel chilipoeder

2 tot 3 eetlepels vers limoensap

1. Ontdooi vis, indien bevroren. Spoel vis; dep droog met keukenpapier. Zet vis opzij.

2. Meng voor chili-saliepasta in een kleine pan 1 eetlepel olijfolie, ui en knoflook. Kook op laag vuur gedurende 1 tot 2 minuten of tot het geurig is. Roer koriander en komijn erdoor; kook en roer 1 minuut. Roer paprika, oregano en cayennepeper erdoor; kook en roer 1 minuut. Voeg limoensap en salie toe; kook en roer ongeveer 3 minuten of net tot een gladde pasta ontstaat; koel.

3. Smeer met je vingers beide kanten van de filets in met chili-saliepasta. Plaats vis in een glazen of niet-reactieve schaal; dek goed af met plasticfolie. Koel gedurende 2 tot 4 uur.

4. Ondertussen, voor salsa, combineer in een middelgrote kom tomaten, ui, koriander, jalapeño, knoflook, komijn en chilipoeder. Roer goed om te mengen. Besprenkel met limoensap; gooi om te coaten.

4. Schraap met een rubberen spatel zoveel mogelijk pasta van de zalm. Gooi pasta weg.

5. Zet een extra grote gietijzeren koekenpan in de oven. Zet de oven op 500 ° F. Verwarm de oven voor met de koekenpan erin.

6. Haal hete koekenpan uit de oven. Giet 1 eetlepel olijfolie in de pan. Tip de pan om de bodem van de koekenpan met olie te bedekken. Leg de filets in de pan, met de velkant naar beneden. Bestrijk de bovenkant van de filets met de resterende 1 eetlepel olijfolie.

7. Rooster de zalm ongeveer 10 minuten of tot de vis begint te schilferen wanneer getest met een vork. Serveer vis met salsa.

GEROOSTERDE ZALM EN ASPERGES EN PAPILLOTE MET CITROEN-HAZELNOOT PESTO

VOORBEREIDEN:20 minuten braden: 17 minuten maakt: 4 porties

KOKEN "EN PAPILLOTE" BETEKENT SIMPELWEG KOKEN IN PAPIER.HET IS OM VELE REDENEN EEN MOOIE MANIER OM TE KOKEN. DE VIS EN GROENTEN STOMEN IN HET PERKAMENTPAKKET, WAARDOOR SAPPEN, SMAAK EN VOEDINGSSTOFFEN WORDEN AFGESLOTEN - EN ER ZIJN GEEN POTTEN EN PANNEN OM DAARNA AF TE WASSEN.

4 6-ounce verse of bevroren zalmfilets

1 kop licht verpakte verse basilicumblaadjes

1 kop licht verpakte verse peterseliebladeren

½ kopje hazelnoten, geroosterd*

5 eetlepels olijfolie

1 theelepel fijn geraspte citroenschil

2 eetlepels vers citroensap

1 teentje knoflook, gesnipperd

1 pond slanke asperges, bijgesneden

4 eetlepels droge witte wijn

1. Ontdooi zalm, indien bevroren. Spoel vis; dep droog met keukenpapier. Verwarm de oven voor op 400 ° F.

2. Voor pesto: combineer basilicum, peterselie, hazelnoten, olijfolie, citroenschil, citroensap en knoflook in een blender of keukenmachine. Bedek en meng of verwerk tot een gladde massa; opzij zetten.

3. Snijd vier 12-inch vierkanten perkamentpapier. Leg voor elk pakket een zalmfilet in het midden van een perkamentvierkant. Top met een vierde van de asperges en 2 tot 3 eetlepels pesto; besprenkel met 1 eetlepel wijn. Breng twee tegenoverliggende zijden van het perkamentpapier omhoog en vouw meerdere keren samen over de vis. Vouw de uiteinden van het perkament om te verzegelen. Herhaal dit om nog drie pakketjes te maken.

4. Rooster 17 tot 19 minuten of tot de vis begint te schilferen wanneer getest met een vork (open de verpakking voorzichtig om de gaarheid te controleren).

*Tip: Om hazelnoten te roosteren, verwarm de oven voor op 350 ° F. Verspreid noten in een enkele laag in een ondiepe bakvorm. Bak 8 tot 10 minuten of tot ze licht geroosterd zijn, roer één keer om gelijkmatig te roosteren. Laat de noten een beetje afkoelen. Leg warme noten op een schone theedoek; wrijf met de handdoek om de losse vellen te verwijderen.

GEKRUIDE ZALM MET CHAMPIGNON-APPEL PAN SAUS

BEGIN TOT EIND:40 minuten maakt: 4 porties

DEZE HELE ZALMFILETGEGARNEERD MET EEN MENGSEL VAN GEBAKKEN CHAMPIGNONS, SJALOT, APPELSCHIJFJES MET RODE SCHIL - EN GESERVEERD OP EEN BEDJE VAN FELGROENE SPINAZIE - MAAKT HET EEN INDRUKWEKKEND GERECHT OM AAN GASTEN TE SERVEREN.

1 1½-pond verse of bevroren hele zalmfilet, met vel

1 theelepel venkelzaad, fijngemalen*

½ theelepel gedroogde salie, gekneusd

½ theelepel gemalen koriander

¼ theelepel droge mosterd

¼ theelepel zwarte peper

2 eetlepels olijfolie

1½ kopjes verse cremini-paddenstoelen, in vieren

1 middelgrote sjalot, zeer dun gesneden

1 kleine kookappel, in vieren gedeeld, klokhuis verwijderd en in dunne plakjes gesneden

¼ kopje droge witte wijn

4 kopjes verse spinazie

Kleine takjes verse salie (optioneel)

1. Ontdooi zalm, indien bevroren. Verwarm de oven voor op 425 ° F. Bekleed een grote bakplaat met bakpapier; opzij zetten. Spoel vis; dep droog met keukenpapier. Leg de zalm met de huid naar beneden op de voorbereide bakplaat. Meng in een kleine kom venkelzaad, ½ theelepel gedroogde salie, koriander, mosterd en peper. Strooi gelijkmatig over zalm; wrijf in met je vingers.

2. Meet de dikte van de vis. Rooster de zalm 4 tot 6 minuten per ½-inch dikte of tot de vis begint te schilferen wanneer getest met een vork.

3. Ondertussen, voor pannensaus, in een grote koekenpan olijfolie op middelhoog vuur verhitten. Voeg champignons en sjalot toe; kook 6 tot 8 minuten of tot de champignons zacht zijn en bruin beginnen te worden, af en toe roeren. Appel toevoegen; dek af en kook en roer nog 4 minuten. Voeg voorzichtig wijn toe. Kook, onbedekt, gedurende 2 tot 3 minuten of tot de appelschijfjes net zacht zijn. Breng met een schuimspaan het paddenstoelenmengsel over in een middelgrote kom; deksel om warm te blijven.

4. Kook de spinazie 1 minuut in dezelfde koekenpan of tot de spinazie net geslonken is, onder voortdurend roeren. Verdeel de spinazie over vier borden. Snijd de zalmfilet in vier gelijke porties, snijdend naar, maar niet door, de huid. Gebruik een grote spatel om porties zalm van de huid te tillen; leg op elk bord een portie zalm op spinazie. Schep het paddenstoelenmengsel gelijkmatig over de zalm. Garneer eventueel met verse salie.

*Tip: Gebruik een vijzel of een kruidenmolen om de venkelzaadjes fijn te malen.

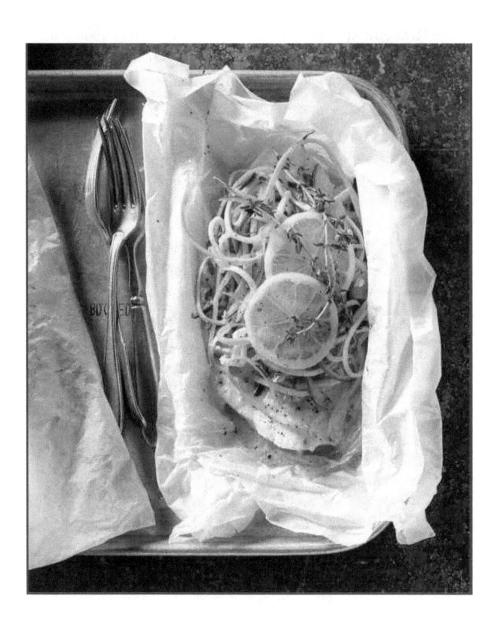

TONG EN PAPILLOTE MET JULIENNE GROENTEN

VOORBEREIDEN:30 minuten bakken: 12 minuten maakt: 4 portiesFOTO

GROENTEN JULIENNE KAN JE ZEKERMET EEN GOED SCHERP KOKSMES, MAAR HET KOST VEEL TIJD. EEN JULIENNE DUNSCHILLER (ZIE"APPARATUUR") MAAKT SNEL WERK VAN HET MAKEN VAN LANGE, DUNNE, CONSISTENT GEVORMDE REEPJES GROENTEN.

4 6-ounce verse of bevroren tong, bot of andere stevige witte visfilets

1 courgette, julienne gesneden

1 grote wortel, julienne gesneden

½ rode ui, julienne gesneden

2 romatomaten, zonder zaadjes en fijngesneden

2 teentjes knoflook, fijngehakt

1 eetlepel olijfolie

½ theelepel zwarte peper

1 citroen, in 8 dunne plakjes gesneden, zaadjes verwijderd

8 takjes verse tijm

4 theelepels olijfolie

¼ kopje droge witte wijn

1. Ontdooi vis, indien bevroren. Verwarm de oven voor op 375 ° F. Combineer courgette, wortel, ui, tomaten en knoflook in een grote kom. Voeg 1 eetlepel olijfolie en ¼ theelepel peper toe; gooi goed om te combineren. Zet groenten opzij.

2. Knip vier vierkanten van 14 inch perkamentpapier. Spoel vis; dep droog met keukenpapier. Leg een filet in het midden van elk vierkant. Bestrooi met de resterende ¼ theelepel peper. Leg de groenten, de schijfjes citroen en de

tijmtakjes op de filets en verdeel ze gelijkmatig. Besprenkel elke stapel met 1 theelepel olijfolie en 1 eetlepel witte wijn.

3. Werk met één pakket tegelijk, breng twee tegenoverliggende zijden van het perkamentpapier omhoog en vouw meerdere keren samen over de vis. Vouw de uiteinden van het perkament om te verzegelen.

4. Schik de pakketjes op een grote bakplaat. Bak ongeveer 12 minuten of tot de vis begint te schilferen wanneer getest met een vork (open de verpakking voorzichtig om de gaarheid te controleren).

5. Leg elk pakje op een bord om te serveren; pakjes voorzichtig openmaken.

RUCOLA PESTO VISTACO'S MET SMOKY LIME CREAM

VOORBEREIDEN:30 minuten grill: 4 tot 6 minuten per ½-inch dikte maakt: 6 porties

JE KUNT DE KABELJAUW VERVANGEN DOOR DE TONG-ALLEEN GEEN TILAPIA. TILAPIA IS HELAAS EEN VAN DE SLECHTSTE KEUZES VOOR VISSEN. HET WORDT BIJNA OVERAL OP DE BOERDERIJ GEKWEEKT EN VAAK ONDER VRESELIJKE OMSTANDIGHEDEN - DUS HOEWEL TILAPIA BIJNA ALOMTEGENWOORDIG IS, MOET HET WORDEN VERMEDEN.

4 4- tot 5-ounce verse of bevroren tongfilets, ongeveer ½ inch dik

1 recept Rucola Pesto (zie recept)

½ kopje Cashew Cream (zie recept)

1 theelepel Rokerige Kruiden (zie recept)

½ theelepel fijn geraspte limoenschil

12 blaadjes botersla

1 rijpe avocado, gehalveerd, ontpit, geschild en in dunne plakjes gesneden

1 kop gehakte tomaat

¼ kopje geknipte verse koriander

1 limoen, in partjes gesneden

1. Ontdooi vis, indien bevroren. Spoel vis; dep droog met keukenpapier. Zet vis opzij.

2. Wrijf wat van de Rucola Pesto aan beide kanten van de vis.

3. Plaats voor een houtskool- of gasgrill de vis op een ingevet rooster direct op middelhoog vuur. Dek af en grill gedurende 4 tot 6 minuten of tot de vis begint te schilferen wanneer getest met een vork, eenmaal halverwege het grillen.

4. Roer intussen voor Smoky Lime Cream in een kleine kom de Cashew Cream, Smoky Seasoning en limoenschil door elkaar.

5. Breek de vis met een vork in stukjes. Vul boterbloemblaadjes met vis, avocadoplakken en tomaat; bestrooi met koriander. Besprenkel de taco's met Smoky Lime Cream. Serveer met partjes limoen om over taco's uit te persen.

TONG MET AMANDELKORST

VOORBEREIDEN:15 minuten koken: 3 minuten maakt: 2 porties

GEWOON EEN BEETJE AMANDELMEELCREËERT EEN MOOIE KORST OP DEZE EXTREEM SNEL KOKENDE PANGEBAKKEN VIS GESERVEERD MET ROMIGE DILLE MAYONAISE EN EEN SCHEUTJE VERSE CITROEN.

12 ons verse of diepgevroren tongfilets

1 eetlepel Citroen-Kruidenkruiden (zie recept)

¼ tot ½ theelepel zwarte peper

⅓ kopje amandelmeel

2 tot 3 eetlepels olijfolie

¼ kopje Paleo Mayo (zie recept)

1 theelepel geknipte verse dille

Citroenpartjes

1. Ontdooi vis, indien bevroren. Spoel vis; dep droog met keukenpapier. Roer in een kleine kom de Citroen-Kruidenkruiden en peper door elkaar. Smeer beide kanten van de filets in met het kruidenmengsel en druk licht aan om te hechten. Verdeel amandelmeel op een groot bord. Haal een kant van elke filet door het amandelmeel en druk lichtjes aan om te hechten.

2. Verhit in een grote koekenpan voldoende olie om de pan op middelhoog vuur te bedekken. Voeg vis toe, met de beklede kant naar beneden. Kook gedurende 2 minuten. Draai de vis voorzichtig om; kook ongeveer 1 minuut langer of tot de vis begint te schilferen wanneer getest met een vork.

3. Roer voor saus in een kleine kom de Paleo Mayo en dille door elkaar. Serveer de vis met saus en partjes citroen.

GEGRILDE KABELJAUW- EN COURGETTEPAKKETJES MET PITTIGE MANGO-BASILICUMSAUS

VOORBEREIDEN: 20 minuten grill: 6 minuten maakt: 4 porties

1 tot 1½ pond verse of bevroren kabeljauw, ½ tot 1 inch dik

4 24-inch lange stukken 12-inch brede folie

1 middelgrote courgette, in juliennereepjes gesneden

Citroen-Kruidenkruiden (zie recept)

¼ kopje Chipotle Paleo Mayo (zie recept)

1 tot 2 eetlepels gepureerde rijpe mango*

1 eetlepel vers limoen- of citroensap of rijstwijnazijn

2 eetlepels geknipte verse basilicum

1. Ontdooi vis, indien bevroren. Spoel vis; dep droog met keukenpapier. Snijd de vis in vier porties.

2. Vouw elk stuk folie dubbel om een vierkant van 12 inch met dubbele dikte te maken. Leg een portie vis in het midden van een folievierkant. Top met een vierde van de courgette. Bestrooi met citroen-kruidenkruiden. Breng twee tegenover elkaar liggende zijden van folie omhoog en vouw meerdere keren over courgette en vis. Vouw de uiteinden van de folie om. Herhaal dit om nog drie pakketjes te maken. Roer voor saus in een kleine kom Chipotle Paleo Mayo, mango, limoensap en basilicum door elkaar; opzij zetten.

3. Plaats voor een houtskoolgrill of gasgrill de pakketjes op het geoliede grillrek direct op middelhoog vuur. Dek af en gril 6 tot 9 minuten of tot de vis begint te schilferen als je hem test met een vork en de courgette knapperig is (open de

verpakking voorzichtig om de gaarheid te testen). Draai de pakketjes niet om tijdens het grillen. Bedek elke portie met saus.

*Tip: Meng voor mangopuree in een blender ¼ kopje gehakte mango en 1 eetlepel water. Dek af en mix tot een gladde massa. Voeg eventueel overgebleven gepureerde mango toe aan een smoothie.

RIESLING GEPOCHEERDE KABELJAUW MET PESTO GEVULDE TOMATEN

VOORBEREIDEN:30 minuten koken: 10 minuten maakt: 4 porties

1 tot 1½ pond verse of bevroren kabeljauwfilets, ongeveer 1 inch dik

4 romatomaten

3 eetlepels Basilicum Pesto (zie_recept)

¼ theelepel gemalen zwarte peper

1 kopje droge Riesling of Sauvignon Blanc

1 takje verse tijm of ½ theelepel gedroogde tijm, geplet

1 laurierblad

½ kopje water

2 eetlepels gehakte lente-uitjes

Citroenpartjes

1. Ontdooi vis, indien bevroren. Snijd de tomaten horizontaal doormidden. Schep de zaadjes eruit en een deel van het vruchtvlees. (Als het nodig is om de tomaat plat te laten liggen, snijd dan een heel dun plakje van het uiteinde af en zorg ervoor dat u geen gat in de bodem van de tomaat maakt.) Lepel wat pesto in elke tomatenhelft; bestrooi met gebarsten peper; opzij zetten.

2. Spoel vis; dep droog met keukenpapier. Snijd de vis in vier stukken. Plaats een stoommandje in een grote koekenpan met een goed sluitend deksel. Voeg ongeveer ½ inch water toe aan de koekenpan. Breng aan de kook; verminder het vuur tot medium. Voeg de tomaten, met de snijkanten naar boven, toe aan de mand. Dek af en stoom gedurende 2 tot 3 minuten of tot het is opgewarmd.

3. Verwijder tomaten op een bord; deksel om warm te blijven. Haal de stoommand uit de pan; water weggooien. Voeg

wijn, tijm, laurier en de kopje water toe aan de koekenpan. Breng aan de kook; zet het vuur laag tot medium-laag. Voeg vis en sjalot toe. Sudderen, afgedekt, gedurende 8 tot 10 minuten of tot de vis begint te schilferen wanneer getest met een vork.

4. Besprenkel de vis met wat van het stroperige vocht. Serveer de vis met pesto gevulde tomaten en partjes citroen.

GEROOSTERDE KABELJAUW MET PISTACHE EN KORIANDER OVER GEBROKEN ZOETE AARDAPPELEN

VOORBEREIDEN:20 minuten koken: 10 minuten braden: 4 tot 6 minuten per ½-inch dikte maakt: 4 porties

1 tot 1½ pond verse of bevroren kabeljauw

Olijfolie of geraffineerde kokosolie

2 eetlepels gemalen pistachenoten, pecannoten of amandelen

1 eiwit

½ theelepel fijn geraspte citroenschil

1½ pond zoete aardappelen, geschild en in blokjes gesneden

2 teentjes knoflook

1 eetlepel kokosolie

1 eetlepel geraspte verse gember

½ theelepel gemalen komijn

¼ kopje kokosmelk (zoals Nature's Way)

4 theelepels Korianderpesto of Basilicumpesto (zierecepten)

1. Ontdooi vis, indien bevroren. Verwarm de grill voor. Olierek van een vleeskuikenpan. Meng in een kleine kom gemalen noten, eiwit en citroenschil; opzij zetten.

2. Kook voor de geplette zoete aardappelen in een middelgrote pan de zoete aardappelen en knoflook in voldoende kokend water gedurende 10 tot 15 minuten of tot ze gaar zijn. Droogleggen; doe de zoete aardappelen en knoflook terug in de pan. Pureer zoete aardappelen met behulp van een aardappelstamper. Roer 1 eetlepel kokosolie, gember en komijn erdoor. Pureer in kokosmelk tot het licht en luchtig is.

3. Spoel vis; dep droog met keukenpapier. Snijd de vis in vier stukken en leg ze op het voorbereide onverwarmde rooster van een grillpan. Stop onder eventuele dunne randen. Besmeer elk stuk met korianderpesto. Lepel het notenmengsel op de pesto en verdeel het voorzichtig. Rooster vis 4 inch van het vuur gedurende 4 tot 6 minuten per ½-inch dikte of totdat de vis begint te schilferen wanneer getest met een vork, bedek met folie tijdens het roosteren als de coating begint te branden. Serveer vis met zoete aardappelen.

ROZEMARIJN-EN-TANGERINE KABELJAUW MET GEROOSTERDE BROCCOLI

VOORBEREIDEN:15 minuten marineren: tot 30 minuten bakken: 12 minuten maakt: 4 porties

1 tot 1½ pond verse of bevroren kabeljauw

1 theelepel fijngesnipperde mandarijnschil

½ kopje verse mandarijn of sinaasappelsap

4 eetlepels olijfolie

2 theelepels geknipte verse rozemarijn

¼ tot ½ theelepel gemalen zwarte peper

1 theelepel fijngesnipperde mandarijnschil

3 kopjes broccoliroosjes

¼ theelepel gemalen rode peper

Mandarijnschijfjes, zaden verwijderd

1. Verwarm de oven voor op 450 ° F. Ontdooi vis, indien bevroren. Spoel vis; dep droog met keukenpapier. Snijd de vis in vier porties. Meet de dikte van de vis. Meng in een ondiepe schaal mandarijnschil, mandarijnensap, 2 eetlepels olijfolie, rozemarijn en zwarte peper; vis toevoegen. Dek af en marineer maximaal 30 minuten in de koelkast.

2. Gooi de broccoli in een grote kom met de resterende 2 eetlepels olijfolie en de geplette rode peper. Plaats in een ovenschaal van 2 kwart gallon.

3. Borstel een ondiepe bakvorm lichtjes met extra olijfolie. Vis uit laten lekken, marinade bewaren. Leg de vis in de pan en stop hem onder eventuele dunne randen. Zet de vis en broccoli in de oven. Bak de broccoli 12 tot 15 minuten of

tot ze knapperig zijn, roer halverwege het koken een keer om. Bak de vis 4 tot 6 minuten per ½-inch dikte van de vis of tot de vis begint te schilferen wanneer getest met een vork.

4. Breng de gereserveerde marinade in een kleine steelpan aan de kook; 2 minuten koken. Sprenkel de marinade over de gekookte vis. Serveer de vis met plakjes broccoli en mandarijn.

KABELJAUWSLA-WRAPS MET KERRIE EN INGELEGDE RADIJS

VOORBEREIDEN:20 minuten staan: 20 minuten koken: 6 minuten maakt: 4 portiesFOTO

1 pond verse of bevroren kabeljauwfilets

6 radijsjes, grof geraspt

6 tot 7 eetlepels ciderazijn

½ theelepel gemalen rode peper

2 eetlepels ongeraffineerde kokosolie

¼ kopje amandelboter

1 teentje knoflook, fijngehakt

2 theelepels fijn geraspte gember

2 eetlepels olijfolie

1½ tot 2 theelepels kerriepoeder zonder toegevoegde zout

4 tot 8 blaadjes botersla of bladslablaadjes

1 rode paprika, in julienne reepjes gesneden

2 eetlepels geknipte verse koriander

1. Ontdooi vis, indien bevroren. Meng in een middelgrote kom radijs, 4 eetlepels azijn en ¼ theelepel gemalen rode peper; laat 20 minuten staan, af en toe roeren.

2. Smelt voor amandelbotersaus in een kleine steelpan de kokosolie op laag vuur. Roer de amandelboter erdoor tot een gladde massa. Roer knoflook, gember en de resterende ¼ theelepel gemalen rode peper erdoor. Haal van het vuur. Voeg de resterende 2 tot 3 eetlepels ciderazijn toe, roer tot een gladde massa; opzij zetten. (De saus wordt iets dikker als er azijn wordt toegevoegd.)

3. Spoel vis; dep droog met keukenpapier. Verhit in een grote koekenpan de olijfolie en het kerriepoeder op middelhoog vuur. Voeg vis toe; kook gedurende 3 tot 6 minuten of tot

de vis begint te schilferen wanneer getest met een vork, eenmaal halverwege de kooktijd. Gebruik twee vorken om de vis grof in vlokken te snijden.

4. Giet radijzen af; marinade weggooien. Schep in elk slablad wat van de vis, paprikareepjes, radijsmengsel en amandelbotersaus. Bestrooi met koriander. Wikkel het blad om de vulling. Zet de wraps desgewenst vast met houten tandenstokers.

GEROOSTERDE SCHELVIS MET CITROEN EN VENKEL

VOORBEREIDEN:25 minuten braden: 50 minuten maakt: 4 porties

SCHELVIS, KOOLVIS EN KABELJAUW HEBBEN ALLEMAALZACHT VAN SMAAK STEVIG WIT VRUCHTVLEES. ZE ZIJN ONDERLING UITWISSELBAAR IN DE MEESTE RECEPTEN, WAARONDER DIT EENVOUDIGE GERECHT VAN GEBAKKEN VIS EN GROENTEN MET KRUIDEN EN WIJN.

- 4 6-ounce verse of bevroren schelvis, koolvis of kabeljauwfilets, ongeveer ½ inch dik
- 1 grote venkelknol, klokhuis verwijderd en in plakjes gesneden, bladeren bewaard en fijngehakt
- 4 middelgrote wortelen, verticaal gehalveerd en in stukken van 2 tot 3 inch gesneden
- 1 rode ui, gehalveerd en in plakjes
- 2 teentjes knoflook, fijngehakt
- 1 citroen, in dunne plakjes
- 3 eetlepels olijfolie
- ½ theelepel zwarte peper
- ¾ kopje droge witte wijn
- 2 eetlepels fijngesneden verse peterselie
- 2 eetlepels geknipte verse venkelbladeren
- 2 theelepels fijn geraspte citroenschil

1. Ontdooi vis, indien bevroren. Verwarm de oven voor op 400 ° F. In een rechthoekige ovenschaal van 3 liter combineer je venkel, wortelen, ui, knoflook en schijfjes citroen. Besprenkel met 2 eetlepels olijfolie en bestrooi met ¼ theelepel peper; gooi om te coaten. Schenk de wijn in de schaal. Bedek de schaal met folie.

2. Rooster gedurende 20 minuten. Ontdekken; roer groentemengsel. Rooster 15 tot 20 minuten langer of tot de groenten knapperig zijn. Groentemengsel roeren. Bestrooi de vis met de resterende ¼ theelepel peper; leg de vis op het groentemengsel. Besprenkel met de resterende 1 eetlepel olijfolie. Rooster ongeveer 8 tot 10 minuten of tot de vis begint te schilferen wanneer getest met een vork.

3. Meng in een kleine kom peterselie, venkelbladeren en citroenschil. Verdeel voor het serveren het vis- en groentemengsel over de borden. Lepel pan sappen over vis en groenten. Bestrooi met het peterseliemengsel.

PECAN-CRUSTED SNAPPER MET REMOULADE EN CAJUN-STYLE OKRA EN TOMATEN

VOORBEREIDEN:1 uur koken: 10 minuten bakken: 8 minuten maakt: 4 porties

DIT BEDRIJFSWAARDIGE VISGERECHTKOST WAT TIJD OM TE MAKEN, MAAR DE RIJKE SMAKEN MAKEN HET DE MOEITE WAARD. DE REMOULADE - EEN SAUS OP BASIS VAN MAYONAISE VERRIJKT MET MOSTERD, CITROEN EN CAJUN-KRUIDEN EN GECONFECTIONEERD MET GEHAKTE RODE PAPRIKA, LENTE-UITJES EN PETERSELIE - KAN EEN DAG VAN TEVOREN WORDEN GEMAAKT EN GEKOELD.

4 eetlepels olijfolie

½ kopje fijngehakte pecannoten

2 eetlepels gehakte verse peterselie

1 eetlepel gehakte verse tijm

2 8-ounce rode snapperfilets, ½ inch dik

4 theelepels Cajun Kruiden (zierecept)

½ kopje gesnipperde ui

½ kopje in blokjes gesneden groene paprika

½ kopje in blokjes gesneden bleekselderij

1 eetlepel gehakte knoflook

1 pond verse okra-peulen, in plakjes van 1 inch dik gesneden (of verse asperges, in stukken van 1 inch gesneden)

8 ons druiven- of kerstomaatjes, gehalveerd

2 theelepels gehakte verse tijm

Zwarte peper

Rémoulade (zie recept rechts)

1. Verhit in een middelgrote koekenpan 1 eetlepel olijfolie op middelhoog vuur. Voeg de pecannoten toe en rooster ze

ongeveer 5 minuten of tot ze goudbruin en geurig zijn, onder regelmatig roeren. Doe de pecannoten in een kleine kom en laat afkoelen. Voeg peterselie en tijm toe en zet apart.

2. Verwarm de oven voor op 400 ° F. Bekleed een bakplaat met bakpapier of folie. Leg de snapperfilets op de bakplaat, met de velkant naar beneden, en bestrooi elk met 1 theelepel Cajun-kruiden. Dep met een kwastje 2 eetlepels olijfolie op de filets. Verdeel het pecannootmengsel gelijkmatig over de filets en druk de noten voorzichtig op het oppervlak van de vis zodat ze hechten. Bedek indien mogelijk alle blootgestelde delen van de visfilet met noten. Bak de vis 8 tot 10 minuten of tot hij gemakkelijk uit elkaar valt met de punt van een mes.

3. Verhit in een grote koekenpan de resterende 1 eetlepel olijfolie op middelhoog vuur. Voeg ui, paprika, bleekselderij en knoflook toe. Kook en roer 5 minuten of tot de groenten knapperig zijn. Voeg de gesneden okra (of asperges indien gebruikt) en de tomaten toe; kook 5 tot 7 minuten of tot de okra knapperig is en de tomaten beginnen te splijten. Haal van het vuur en breng op smaak met tijm en zwarte peper. Serveer groenten met snapper en Rémoulade.

Remoulade: pulseer in een keukenmachine ½ kopje gehakte rode paprika, ¼ kopje gehakte lente-uitjes en 2 eetlepels gehakte verse peterselie tot ze fijn zijn. Voeg ¼ kopje Paleo Mayo toe (zierecept), ¼ kopje Dijon-stijl mosterd (zierecept), 1½ theelepel citroensap en ¼ theelepel Cajun-kruiden (zierecept). Puls tot gecombineerd. Breng

over naar een serveerschaal en zet in de koelkast tot het
klaar is om te serveren. (Remoulade kan 1 dag van
tevoren worden gemaakt en gekoeld.)

DRAGON TONIJNPASTEITJES MET AVOCADO-CITROEN AÏOLI

VOORBEREIDEN:25 minuten koken: 6 minuten maakt: 4 portiesFOTO

SAMEN MET ZALM IS TONIJN ER ÉÉNVAN DE ZELDZAME SOORTEN VIS DIE FIJN KUNNEN WORDEN GEHAKT EN TOT HAMBURGERS KUNNEN WORDEN GEVORMD. ZORG ERVOOR DAT U DE TONIJN NIET TE LANG IN DE KEUKENMACHINE VERWERKT - TE LANG VERWERKEN MAAKT HEM TAAI.

1 pond verse of bevroren tonijnfilets zonder vel

1 eiwit, licht geklopt

¾ kopje gemalen gouden lijnzaadmeel

1 eetlepel vers gesneden dragon of dille

2 eetlepels geknipte verse bieslook

1 theelepel fijn geraspte citroenschil

2 eetlepels lijnzaadolie, avocado-olie of olijfolie

1 middelgrote avocado, zonder zaadjes

3 eetlepels Paleo Mayo (zierecept)

1 theelepel fijn geraspte citroenschil

2 theelepels vers citroensap

1 teentje knoflook, fijngehakt

4 ons babyspinazie (ongeveer 4 kopjes stevig verpakt)

⅓ kopje geroosterde knoflookvinaigrette (zierecept)

1 Granny Smith-appel, klokhuis verwijderd en in stukjes gesneden ter grootte van een lucifer

¼ kopje gehakte geroosterde walnoten (zietip)

1. Ontdooi vis, indien bevroren. Spoel vis; dep droog met keukenpapier. Snijd de vis in stukken van 1½ inch. Plaats vis in een keukenmachine; proces met aan/uit pulsen tot fijngehakt. (Pas op dat je het deeg niet te lang verwerkt, anders wordt het pasteitje taai.) Zet de vis opzij.

2. Meng in een middelgrote kom eiwit, ¼ kopje lijnzaadmeel, dragon, bieslook en citroenschil. Voeg vis toe; roer voorzichtig om te combineren. Vorm het vismengsel in vier ½-inch dikke pasteitjes.

3. Plaats de resterende ½ kopje lijnzaadmeel in een ondiepe schaal. Doop de pasteitjes in het lijnzaadmengsel en draai ze om zodat ze gelijkmatig bedekt zijn.

4. Verhit olie in een extra grote koekenpan op middelhoog vuur. Kook tonijnpasteitjes in hete olie gedurende 6 tot 8 minuten of tot een direct afleesbare thermometer die horizontaal in de pasteitjes wordt gestoken 160 ° F registreert, eenmaal halverwege de kooktijd.

5. Gebruik intussen voor de aïoli in een middelgrote kom een vork om de avocado te pureren. Voeg Paleo Mayo, citroenschil, citroensap en knoflook toe. Pureer tot goed gemengd en bijna glad.

6. Plaats de spinazie in een middelgrote kom. Besprenkel spinazie met geroosterde knoflookvinaigrette; gooi om te coaten. Leg voor elke portie een tonijnpasteitje en een kwart van de spinazie op een serveerschaal. Top tonijn met wat van de aïoli. Top spinazie met appel en walnoten. Serveer onmiddellijk.

GESTREEPTE BASTAJINE

VOORBEREIDEN:50 minuten chill: 1 tot 2 uur koken: 22 minuten bakken: 25 minuten
maakt: 4 porties

EEN TAJINE IS DE NAAM VANZOWEL EEN SOORT NOORD-
AFRIKAANS GERECHT (EEN SOORT STOOFPOTJE) ALS DE
KEGELVORMIGE POT WAARIN HET WORDT GEKOOKT. ALS JE ER
GEEN HEBT, WERKT EEN AFGEDEKTE KOEKENPAN IN DE OVEN
PRIMA. CHERMOULA IS EEN DIKKE NOORD-AFRIKAANSE
KRUIDENPASTA DIE HET MEEST WORDT GEBRUIKT ALS
MARINADE VOOR VIS. SERVEER DIT KLEURRIJKE VISGERECHT
MET EEN PUREE VAN ZOETE AARDAPPEL OF BLOEMKOOL.

4 6-ounce verse of bevroren gestreepte zeebaars- of heilbotfilets, zonder vel

1 bosje koriander, fijngehakt

1 theelepel fijn geraspte citroenschil (opzij zetten)

¼ kopje vers citroensap

4 eetlepels olijfolie

5 teentjes knoflook, fijngehakt

4 theelepels gemalen komijn

2 theelepels zoete paprika

1 theelepel gemalen koriander

¼ theelepel gemalen anijs

1 grote ui, gepeld, gehalveerd en in dunne plakjes gesneden

1 15-ounce blik zonder zout toegevoegd vuurgeroosterde tomatenblokjes,
ongedraineerd

½ kopje kippenbottenbouillon (zierecept) of zonder zout toegevoegde
kippenbouillon

1 grote gele paprika, zonder zaadjes en in reepjes van -inch gesneden

1 grote oranje paprika, zonder zaadjes en in reepjes van inch gesneden

1. Ontdooi vis, indien bevroren. Spoel vis; dep droog met
keukenpapier. Leg de visfilets in een ondiepe, niet-
metalen ovenschaal. Zet vis opzij.

2. Meng voor chermoula in een blender of kleine keukenmachine koriander, citroensap, 2 eetlepels olijfolie, 4 teentjes gehakte knoflook, de komijn, paprika, koriander en anijs. Dek af en verwerk tot een gladde massa.

3. Schep de helft van de chermoula over de vis en draai de vis om zodat beide kanten bedekt zijn. Dek af en zet 1 tot 2 uur in de koelkast. Bedek de resterende chermoula; laat staan bij kamertemperatuur totdat het nodig is.

4. Verwarm de oven voor op 325 ° F. Verhit in een grote koekenpan de resterende 2 eetlepels olie op middelhoog vuur. Voeg ui toe; kook en roer 4 tot 5 minuten of tot ze gaar zijn. Roer de resterende 1 teentje gehakte knoflook erdoor; kook en roer 1 minuut. Voeg gereserveerde chermoula, tomaten, kippenbottenbouillon, paprikareepjes en citroenschil toe. Breng aan de kook; verminder hitte. Sudderen, onbedekt, gedurende 15 minuten. Breng desgewenst het mengsel over naar de tajine; top met vis en eventuele overgebleven chermoula uit de schaal. Omslag; bak gedurende 25 minuten. Serveer onmiddellijk.

HEILBOT IN KNOFLOOK-GARNALENSAUS MET SOFFRITO BOERENKOOL

VOORBEREIDEN:30 minuten koken: 19 minuten maakt: 4 porties

ER ZIJN VERSCHILLENDE BRONNEN EN SOORTEN HEILBOT,EN ZE KUNNEN VAN ENORM VERSCHILLENDE KWALITEIT ZIJN - EN ONDER ZEER VERSCHILLENDE OMSTANDIGHEDEN WORDEN GEVIST. DE DUURZAAMHEID VAN DE VIS, DE OMGEVING WAARIN HIJ LEEFT EN DE OMSTANDIGHEDEN WAARONDER HIJ WORDT GEKWEEKT/GEVIST, ZIJN ALLEMAAL FACTOREN DIE BEPALEN WELKE VISSEN GOEDE KEUZES ZIJN VOOR CONSUMPTIE. BEZOEK DE MONTEREY BAY AQUARIUM-WEBSITE (WWW.SEAFOODWATCH.ORG) VOOR DE LAATSTE INFORMATIE OVER WELKE VISSEN JE MOET ETEN EN WELKE JE MOET VERMIJDEN.

4 6-ounce verse of bevroren heilbotfilets, ongeveer 1 inch dik

Zwarte peper

6 eetlepels extra vierge olijfolie

½ kopje fijngehakte ui

¼ kopje in blokjes gesneden rode paprika

2 teentjes knoflook, fijngehakt

¾ theelepel gerookte Spaanse paprika

½ theelepel gehakte verse oregano

4 kopjes boerenkool, gesteeld, gesneden in ¼-inch dikke linten (ongeveer 12 ons)

⅓ kopje water

8 ons middelgrote garnalen, gepeld, ontdarmd en grof gehakt

4 teentjes knoflook, in dunne plakjes

¼ tot ½ theelepel gemalen rode peper

⅓ kopje droge sherry

2 eetlepels citroensap

¼ kopje gehakte verse peterselie

1. Ontdooi vis, indien bevroren. Spoel vis; dep droog met keukenpapier. Bestrooi de vis met peper. Verhit in een grote koekenpan 2 eetlepels olijfolie op middelhoog vuur. Voeg de filets toe; kook gedurende 10 minuten of tot ze goudbruin zijn en de vis in vlokken valt als je het test met een vork, en keer halverwege het koken een keer om. Leg de vis op een schaal en tent met folie om warm te houden.

2. Verhit intussen in een andere grote koekenpan 1 eetlepel olijfolie op middelhoog vuur. Voeg ui, paprika, 2 teentjes gehakte knoflook, paprika en oregano toe; kook en roer 3 tot 5 minuten of tot ze gaar zijn. Roer de boerenkool en het water erdoor. Dek af en kook gedurende 3 tot 4 minuten of tot de vloeistof is verdampt en de groenten net zacht zijn, af en toe roeren. Dek af en houd warm tot het klaar is om te serveren.

3. Voeg voor garnalensaus de resterende 3 eetlepels olijfolie toe aan de koekenpan die is gebruikt voor het koken van de vis. Voeg de garnalen, 4 teentjes gesneden knoflook en geplette rode peper toe. Kook en roer 2 tot 3 minuten of tot de knoflook net goudbruin begint te worden. Voeg de garnalen toe; kook 2 tot 3 minuten tot de garnalen stevig en roze zijn. Roer de sherry en het citroensap erdoor. Kook 1 tot 2 minuten of tot het iets is ingekookt. Roer de peterselie erdoor.

4. Verdeel de garnalensaus over de heilbotfilets. Serveer met groentjes.

ZEEVRUCHTEN BOUILLABAISSE

BEGIN TOT EINDE: 1¾ UUR MAAKT: 4 PORTIES

ZOALS DE ITALIAANSE CIOPPINO, DEZE FRANSE ZEEVRUCHTENSTOOFPOTVAN VIS EN SCHAALDIEREN LIJKT EEN GREEP UIT DE VANGST VAN DE DAG DIE IN EEN POT MET KNOFLOOK, UIEN, TOMATEN EN WIJN WORDT GEGOOID. DE ONDERSCHEIDENDE SMAAK VAN BOUILLABAISSE IS ECHTER DE SMAAKCOMBINATIE VAN SAFFRAAN, VENKEL EN SINAASAPPELSCHIL.

1 pond verse of bevroren heilbotfilet zonder vel, in stukjes van 1 inch gesneden

4 eetlepels olijfolie

2 kopjes gehakte uien

4 teentjes knoflook, geplet

1 krop venkel, klokhuis verwijderd en gehakt

6 romatomaten, in stukjes

¾ kopje kippenbottenbouillon (zie recept) of zonder zout toegevoegde kippenbouillon

¼ kopje droge witte wijn

1 kop fijngehakte ui

1 krop venkel, klokhuis verwijderd en fijngesneden

6 teentjes knoflook, fijngehakt

1 sinaasappel

3 romatomaten, fijngesneden

4 saffraandraadjes

1 eetlepel geknipte verse oregano

1 pond littleneck mosselen, geschrobd en gespoeld

1 pond mosselen, baarden verwijderd, geschrobd en gespoeld (zie tip)

Gesnipperde verse oregano (optioneel)

1. Ontdooi heilbot, indien bevroren. Spoel vis; dep droog met keukenpapier. Zet vis opzij.

2. Verwarm in een Nederlandse oven van 6 tot 8 liter 2 eetlepels olijfolie op middelhoog vuur. Voeg 2 kopjes gesnipperde uien, 1 kop gehakte venkel en 4 teentjes knoflook toe aan de pot. Kook 7 tot 9 minuten of tot de ui zacht is, af en toe roeren. Voeg 6 gehakte tomaten en 1 kop gehakte venkel toe; kook nog 4 minuten. Voeg Chicken Bone Bouillon en witte wijn toe aan de pot; laat 5 minuten sudderen; enigszins afkoelen. Breng het groentemengsel over in een blender of keukenmachine. Bedek en meng of verwerk tot een gladde massa; opzij zetten.

3. Verhit in dezelfde Nederlandse oven de resterende 1 eetlepel olijfolie op middelhoog vuur. Voeg 1 kop fijngehakte ui, 1 kop fijngehakte venkel en 6 teentjes gehakte knoflook toe. Kook op middelhoog vuur 5 tot 7 minuten of tot bijna gaar, onder regelmatig roeren.

4. Verwijder met een dunschiller de schil van de sinaasappel in brede reepjes; opzij zetten. Voeg het gepureerde groentemengsel, 3 gesneden tomaten, saffraan, oregano en sinaasappelschilreepjes toe aan de Dutch Oven. Breng aan de kook; zet het vuur lager om het sudderen te behouden. Voeg kokkels, mosselen en vis toe; roer voorzichtig om de vis met saus te coaten. Pas de hitte indien nodig aan om het sudderen te behouden. Dek af en laat 3 tot 5 minuten zachtjes sudderen tot de mosselen en kokkels zijn geopend en de vis begint te schilferen wanneer u deze test met een vork. Schep in ondiepe kommen om te serveren. Bestrooi eventueel met extra oregano.

KLASSIEKE GARNALEN CEVICHE

VOORBEREIDEN:20 minuten koken: 2 minuten chillen: 1 uur staan: 30 minuten maakt: 3 tot 4 porties

DIT LATIJNS-AMERIKAANSE GERECHT IS EEN EXPLOSIEVAN SMAKEN EN TEXTUREN. KROKANTE KOMKOMMER EN SELDERIJ, ROMIGE AVOCADO, HETE EN PITTIGE JALAPEÑOS EN DELICATE, ZOETE GARNALEN VERMENGEN ZICH MET LIMOENSAP EN OLIJFOLIE. IN TRADITIONELE CEVICHE "KOOKT" HET ZUUR IN HET LIMOENSAP DE GARNALEN - MAAR EEN SNELLE DUIK IN KOKEND WATER LAAT NIETS AAN HET TOEVAL OVER WAT BETREFT VEILIGHEID - EN TAST DE SMAAK OF TEXTUUR VAN DE GARNALEN NIET AAN.

1 pond verse of bevroren middelgrote garnalen, gepeld en ontdarmd, staarten verwijderd

½ komkommer, geschild, gezaaid en in stukjes

1 kop gehakte selderij

½ van een kleine rode ui, gesnipperd

1 tot 2 jalapeños, zonder zaadjes en fijngehakt (zietip)

½ kopje vers limoensap

2 roma tomaten, in blokjes gesneden

1 avocado, gehalveerd, zonder zaadjes, geschild en in blokjes gesneden

¼ kopje geknipte verse koriander

3 eetlepels olijfolie

½ theelepel zwarte peper

1. Garnalen ontdooien, indien ingevroren. Schil en ontdarm garnalen; staarten verwijderen. Garnalen afspoelen; dep droog met keukenpapier.

2. Vul een grote pan halfvol met water. Breng aan de kook. Voeg garnalen toe aan kokend water. Kook, onbedekt,

gedurende 1 tot 2 minuten of totdat de garnalen ondoorzichtig worden; droogleggen. Laat de garnalen onder koud water lopen en laat ze weer uitlekken. Garnalen dobbelstenen.

3. Combineer garnalen, komkommer, selderij, ui, jalapeños en limoensap in een extra grote niet-reactieve kom. Dek af en zet 1 uur in de koelkast, één of twee keer roeren.

4. Roer tomaten, avocado, koriander, olijfolie en zwarte peper erdoor. Dek af en laat 30 minuten op kamertemperatuur staan. Roer voorzichtig voor het serveren.

SALADE VAN GARNALEN EN SPINAZIE MET KOKOSKORST

VOORBEREIDEN:25 minuten bakken: 8 minuten maakt: 4 portiesFOTO

COMMERCIEEL GEPRODUCEERDE BLIKKEN SPRAY OLIJFOLIEKAN GRAANALCOHOL, LECITHINE EN DRIJFGAS BEVATTEN - GEEN GEWELDIGE MIX ALS JE PUUR, ECHT VOEDSEL PROBEERT TE ETEN EN GRANEN, ONGEZONDE VETTEN, PEULVRUCHTEN EN ZUIVELPRODUCTEN PROBEERT TE VERMIJDEN. EEN OLIENEVELAAR GEBRUIKT ALLEEN LUCHT OM DE OLIE IN EEN FIJNE STRAAL TE STUWEN - PERFECT OM GARNALEN MET KOKOSKORST LICHTJES TE COATEN VOOR HET BAKKEN.

1½ pond verse of diepgevroren extra grote garnalen in schelpen

Misto spuitfles gevuld met extra vierge olijfolie

2 eieren

¾ kopje ongezoete vlokken of geraspte kokosnoot

¾ kopje amandelmeel

½ kopje avocado-olie of olijfolie

3 eetlepels vers citroensap

2 eetlepels vers limoensap

2 kleine teentjes knoflook, fijngehakt

⅛ tot ¼ theelepel gemalen rode peper

8 kopjes verse babyspinazie

1 middelgrote avocado, gehalveerd, zonder zaadjes, geschild en in dunne plakjes gesneden

1 kleine oranje of gele paprika, in dunne reepjes gesneden

½ kopje geraspte rode ui

1. Garnalen ontdooien, indien ingevroren. Schil en ontdarm de garnalen, laat de staart intact. Garnalen afspoelen; dep droog met keukenpapier. Verwarm de oven voor op 450 °

187

F. Bekleed een grote bakplaat met folie; bedek de folie licht met olie die uit de Misto-fles is gespoten; opzij zetten.

2. Klop in een ondiepe schaal eieren los met een vork. In een ander ondiep gerecht combineer je kokos- en amandelmeel. Doop garnalen in eieren, draai ze om in vacht. Dompel in kokosmengsel, druk om te coaten (laat staarten onbekleed). Leg de garnalen in een enkele laag op de voorbereide bakplaat. Smeer de bovenkant van de garnalen in met olie die uit de Misto-fles is gespoten.

3. Bak 8 tot 10 minuten of tot de garnalen ondoorzichtig zijn en de coating lichtbruin is.

4. Ondertussen, voor de dressing, combineer in een kleine pot met schroefdop avocado-olie, citroensap, limoensap, knoflook en gemalen rode peper. Dek af en schud goed.

5. Verdeel voor salades spinazie over vier borden. Top met avocado, paprika, rode ui en de garnalen. Besprenkel met dressing en serveer direct.

CEVICHE VAN TROPISCHE GARNALEN EN SINT-JAKOBSSCHELP

VOORBEREIDEN:20 minuten marineren: 30 tot 60 minuten maakt: 4 tot 6 porties

KOELE EN LICHTE CEVICHE MAAKT EEN GEWELDIGE MAALTIJD?VOOR EEN WARME ZOMERAVOND. MET MELOEN, MANGO, SERRANO CHILIPEPERS, VENKEL EN MANGO-LIMOEN SALADEDRESSING (ZIERECEPT), DIT IS EEN ZOETE, HETE KIJK OP HET ORIGINEEL.

1 pond verse of bevroren sint-jakobsschelpen

1 pond verse of diepgevroren grote garnalen

2 kopjes honingdauwmeloen in blokjes

2 middelgrote mango's, ontpit, geschild en in stukjes gesneden (ongeveer 2 kopjes)

1 krop venkel, bijgesneden, in vieren gedeeld, klokhuis verwijderd en in dunne plakjes gesneden

1 middelgrote rode paprika, gehakt (ongeveer ¾ kopje)

1 tot 2 serrano chilipepers, indien gewenst zonder zaadjes en in dunne plakjes gesneden (zietip)

½ kopje licht verpakte verse koriander, gehakt

1 recept Mango-Lime Salade Dressing (zierecept)

1. Ontdooi sint-jakobsschelpen en garnalen, indien bevroren. Snijd de sint-jakobsschelpen horizontaal doormidden. Schil, ontdarm en snijd de garnalen horizontaal doormidden. Spoel sint-jakobsschelpen en garnalen; dep droog met keukenpapier. Vul een grote pan voor driekwart met water. Breng aan de kook. Voeg garnalen en sint-jakobsschelpen toe; kook 3 tot 4 minuten of tot garnalen en sint-jakobsschelpen ondoorzichtig zijn; afgieten en afspoelen met koud water om snel af te koelen. Laat goed uitlekken en zet opzij.

2. Meng in een extra grote kom meloen, mango's, venkel, paprika, serrano chilipepers en koriander. Voeg Mango-Lime Salade Dressing toe; gooi voorzichtig om te coaten. Roer voorzichtig de gekookte garnalen en sint-jakobsschelpen erdoor. Marineer in de koelkast gedurende 30 tot 60 minuten voor het opdienen.

JAMAICAANSE JERK SHRIMP MET AVOCADO-OLIE

MET EEN TOTALE TIJD AAN TAFEL VAN 20 MINUTEN,DIT GERECHT BIEDT NOG EEN DWINGENDE REDEN OM THUIS GEZOND TE ETEN, ZELFS OP DE DRUKSTE AVONDEN.

1 pond verse of bevroren middelgrote garnalen

1 kop gehakte, geschilde mango (1 medium)

⅓ kopje dun gesneden rode ui, gesneden

¼ kopje geknipte verse koriander

1 eetlepel vers limoensap

2 tot 3 eetlepels Jamaican Jerk Seasoning (zie recept)

1 eetlepel extra vierge olijfolie

2 eetlepels avocado-olie

1. Garnalen ontdooien, indien ingevroren. Roer in een middelgrote kom mango, ui, koriander en limoensap door elkaar.

2. Schil en ontdarm garnalen. Garnalen afspoelen; dep droog met keukenpapier. Doe de garnalen in een middelgrote kom. Bestrooi met Jamaican Jerk Seasoning; gooi om garnalen aan alle kanten te coaten.

3. Verhit olijfolie in een grote koekenpan met antiaanbaklaag op middelhoog vuur. Garnalen toevoegen; kook en roer ongeveer 4 minuten of tot ze ondoorzichtig zijn. Besprenkel de garnalen met avocado-olie en serveer met het mangomengsel.

GARNALENSCAMPI MET VERWELKTE SPINAZIE EN RADICCHIO

VOORBEREIDEN:15 minuten koken: 8 minuten maakt: 3 porties

"SCAMPI" VERWIJST NAAR EEN KLASSIEK RESTAURANTGERECHTVAN GROTE GARNALEN GEBAKKEN OF GEROOSTERD MET BOTER EN VEEL KNOFLOOK EN CITROEN. DEZE PITTIGE OLIJFOLIEVERSIE IS PALEO-GOEDGEKEURD - EN QUA VOEDINGSWAARDE OPGEWAARDEERD MET EEN SNELLE SAUTÉ VAN RADICCHIO EN SPINAZIE.

1 pond verse of diepgevroren grote garnalen

4 eetlepels extra vierge olijfolie

6 teentjes knoflook, fijngehakt

½ theelepel zwarte peper

¼ kopje droge witte wijn

½ kopje geknipte verse peterselie

½ kop radicchio, klokhuis verwijderd en in dunne plakjes gesneden

½ theelepel gemalen rode peper

9 kopjes babyspinazie

Citroenpartjes

1. Garnalen ontdooien, indien ingevroren. Schil en ontdarm de garnalen, laat de staart intact. Verhit in een grote koekenpan 2 eetlepels olijfolie op middelhoog vuur. Voeg garnalen, 4 teentjes gehakte knoflook en zwarte peper toe. Kook en roer ongeveer 3 minuten of tot de garnalen ondoorzichtig zijn. Breng het garnalenmengsel over in een kom.

2. Voeg witte wijn toe aan de koekenpan. Kook al roerend om de gebruinde knoflook los te maken van de bodem van de

pan. Giet wijn over garnalen; gooien om te combineren. Roer de peterselie erdoor. Dek losjes af met folie om warm te blijven; opzij zetten.

3. Voeg de resterende 2 eetlepels olijfolie, de resterende 2 teentjes gehakte knoflook, de radicchio en geplette rode peper toe aan de pan. Kook en roer op middelhoog vuur gedurende 3 minuten of tot de radicchio net begint te slinken. Roer voorzichtig de spinazie erdoor; kook en roer nog 1 tot 2 minuten of tot de spinazie net geslonken is.

4. Om te serveren, verdeel het spinaziemengsel over drie serveerschalen; top met garnalenmengsel. Serveer met partjes citroen om over garnalen en groenten te persen.

KRABSALADE MET AVOCADO, GRAPEFRUIT EN JICAMA

BEGIN TOT EIND:30 minuten maakt: 4 porties

JUMBO FORFAITAIRE OF BACKFIN KRABVLEES IS HET BESTEVOOR DEZE SALADE. JUMBO FORFAITAIR KRABVLEES BESTAAT UIT GROTE STUKKEN DIE HET GOED DOEN IN SALADES. BACKFIN IS EEN MIX VAN GEBROKEN STUKJES JUMBO FORFAITAIR KRABVLEES EN KLEINERE STUKJES KRABVLEES UIT HET LIJF VAN DE KRAB. HOEWEL KLEINER DAN DE JUMBO FORFAITAIRE KRAB, WERKT BACKFIN PRIMA. VERS IS NATUURLIJK HET LEKKERST, MAAR ONTDOOIDE DIEPGEVROREN KRAB IS OOK EEN PRIMA OPTIE.

6 kopjes babyspinazie

½ middelgrote jicama, geschild en julienne gesneden*

2 roze of robijnrode grapefruit, geschild, zonder zaadjes en in plakjes**

2 kleine avocado's, gehalveerd

1 pond jumbo forfaitaire of rugvin krabvlees

Basilicum-Grapefruit Dressing (zie recept rechts)

1. Verdeel spinazie over vier serveerschalen. Top met jicama, grapefruitsecties en eventueel opgehoopt sap, avocado's en krabvlees. Besprenkel met basilicum-grapefruitdressing.

Basil-Grapefruit Dressing: Combineer in een pot met schroefdop ⅓ kopje extra vergine olijfolie; ¼ kopje vers grapefruitsap; 2 eetlepels vers sinaasappelsap; ½ kleine sjalot, fijngehakt; 2 eetlepels fijngesneden verse basilicum; ¼ theelepel gemalen rode peper; en ¼ theelepel zwarte peper. Dek af en schud goed.

*Tip: met een julienne-schiller snijdt u de jicama snel in dunne reepjes.

**Tip: Om grapefruit te snijden, snijdt u een plakje van het steeluiteinde en de onderkant van het fruit. Zet hem rechtop op een werkvlak. Snijd het fruit in secties van boven naar beneden, volg de ronde vorm van het fruit, om de schil in reepjes te verwijderen. Houd het fruit boven een kom en snijd met een schilmesje in het midden van het fruit aan de zijkanten van elk segment om het los te maken van het merg. Plaats de segmenten in een kom met eventueel opgehoopt sap. Gooi pit weg.

CAJUN KREEFTSTAART KOOK MET DRAGON AÏOLI

VOORBEREIDEN:20 minuten koken: 30 minuten maakt: 4 portiesFOTO

VOOR EEN ROMANTISCH DINER VOOR TWEE,DIT RECEPT IS GEMAKKELIJK TE HALVEREN. GEBRUIK EEN ZEER SCHERPE KEUKENSCHAAR OM DE SCHAAL VAN DE KREEFTENSTAARTEN OPEN TE SNIJDEN EN BIJ HET RIJKELIJK GEAROMATISEERDE VLEES TE KOMEN.

2 recepten Cajun Kruiden (zierecept)

12 teentjes knoflook, gepeld en gehalveerd

2 citroenen, gehalveerd

2 grote wortelen, geschild

2 stengels bleekselderij, geschild

2 venkelknollen, in dunne partjes gesneden

1 pond hele champignons

4 7- tot 8-ounce Maine kreeftenstaarten

4 8-inch bamboespiesjes

½ kopje Paleo Aïoli (Knoflook Mayo) (zierecept)

¼ kopje Dijon-stijl mosterd (zierecept)

2 eetlepels geknipte verse dragon of peterselie

1. Meng in een soeppan van 8 liter 6 kopjes water, Cajun-kruiden, knoflook en citroenen. Breng aan de kook; kook gedurende 5 minuten. Zet het vuur lager om de vloeistof aan de kook te houden.

2. Snijd de wortel en bleekselderij kruiselings in vier stukken. Voeg wortelen, selderij en venkel toe aan de vloeistof. Dek af en kook gedurende 10 minuten. Champignons toevoegen; dek af en kook 5 minuten. Gebruik een

schuimspaan om groenten over te brengen naar een serveerschaal; blijf warm.

3. Schuif een spies tussen het vlees en de schaal, beginnend bij het lichaamsuiteinde van elke kreeftenstaart, tot bijna helemaal door het staartuiteinde. (Dit voorkomt dat de staart tijdens het koken krult.) Zet het vuur lager. Kook de kreeftenstaarten in de nauwelijks sudderende vloeistof in de pan gedurende 8 tot 12 minuten of tot de schelpen helderrood worden en het vlees zacht is als je er met een vork in prikt. Haal de kreeft uit het kookvocht. Gebruik een keukenhanddoek om de kreeftenstaarten vast te houden en verwijder de spiesjes en gooi ze weg.

4. Roer in een kleine kom de Paleo Aïoli, Dijon-Style Mosterd en Dragon door elkaar. Serveer met de kreeft en groenten.

MOSSELEN FRITES MET SAFFRAAN AÏOLI

BEGIN TOT EINDE: 1¼ UUR MAAKT: 4 PORTIES

DIT IS EEN PALEO-VERSIE VAN DE FRANSE KLASSIEKERVAN MOSSELEN GESTOOMD IN WITTE WIJN EN KRUIDEN EN GESERVEERD MET DUNNE EN KROKANTE FRITES VAN WITTE AARDAPPELEN. GOOI ALLE MOSSELEN WEG DIE NIET SLUITEN VOORDAT ZE GAAR ZIJN - EN ALLE MOSSELEN DIE NIET OPENGAAN NADAT ZE GAAR ZIJN.

PASTINAAK FRITES

1½ pond pastinaak, geschild en in julienne van 3×¼ inch gesneden

3 eetlepels olijfolie

2 teentjes knoflook, fijngehakt

¼ theelepel zwarte peper

⅛ theelepel cayennepeper

SAFFRAAN AÏOLI

⅓ kopje Paleo Aïoli (Knoflook Mayo) (zie recept)

⅛ theelepel saffraandraadjes, voorzichtig gekneusd

MOSSELEN

4 eetlepels olijfolie

½ kopje fijngehakte sjalotten

6 teentjes knoflook, fijngehakt

¼ theelepel zwarte peper

3 kopjes droge witte wijn

3 grote takjes bladpeterselie

4 pond mosselen, schoongemaakt en ontbaard*

¼ kopje gehakte verse Italiaanse (platbladige) peterselie

2 eetlepels geknipte verse dragon (optioneel)

1. Voor pastinaakfrites, verwarm de oven voor op 450 ° F. Week de gesneden pastinaak in voldoende koud water om 30 minuten in de koelkast af te dekken; afgieten en droogdeppen met keukenpapier.

2. Bekleed een grote bakplaat met bakpapier. Doe de pastinaak in een extra grote kom. Meng in een kleine kom 3 eetlepels olijfolie, 2 teentjes gehakte knoflook, ¼ theelepel zwarte peper en cayennepeper; besprenkel over pastinaak en gooi om te coaten. Leg de pastinaken in een gelijkmatige laag op de voorbereide bakplaat. Bak gedurende 30 tot 35 minuten of zacht en begint bruin te worden, af en toe roeren.

3. Roer voor aïoli in een kleine kom Paleo Aïoli en saffraan door elkaar. Dek af en zet in de koelkast tot het moment van serveren.

4. Ondertussen, in een soeppan van 6 tot 8 liter of een Nederlandse oven, verwarm de 4 eetlepels olijfolie op middelhoog vuur. Voeg sjalotten, 6 teentjes knoflook en ¼ theelepel zwarte peper toe; kook ongeveer 2 minuten of tot ze zacht en geslonken zijn, onder regelmatig roeren.

5. Voeg wijn en peterselietakjes toe aan de pot; aan de kook brengen. Mosselen toevoegen, een paar keer roeren. Dek goed af en stoom gedurende 3 tot 5 minuten of tot de schelpen opengaan, terwijl u tweemaal zachtjes roert. Gooi mosselen die niet opengaan weg.

6. Breng de mosselen met een grote schuimspaan over in ondiepe soepschotels. Verwijder peterselietakjes en gooi ze weg uit het kookvocht; kookvocht over de mosselen

scheppen. Bestrooi met gehakte peterselie en eventueel dragon. Serveer direct met pastinaakfrites en saffraanaïoli.

*Tip: Kook mosselen op de dag van aankoop. Als u in het wild geoogste mosselen gebruikt, laat u deze 20 minuten in een kom met koud water weken om gruis en zand weg te spoelen. (Dit is niet nodig voor gekweekte mosselen.) Gebruik een harde borstel om de mosselen één voor één onder koud stromend water te schrobben. Ontbaard mosselen ongeveer 10 tot 15 minuten voor het koken. De baard is het kleine cluster van vezels dat uit de schaal komt. Om de baarden te verwijderen, pak je het touwtje tussen duim en wijsvinger en trek je naar het scharnier. (Deze methode zal de mossel niet doden.) Je kunt ook een tang of vispincet gebruiken. Zorg ervoor dat de schelp van elke mossel goed gesloten is. Als er schelpen open zijn, tik ze dan zachtjes op het aanrecht. Gooi mosselen die niet binnen een paar minuten sluiten weg. Gooi mosselen met gebarsten of beschadigde schelpen weg.

AANGEBRADEN SINT-JAKOBSSCHELPEN MET BIETENSAUS

BEGIN TOT EIND:30 minuten maakt: 4 portiesFOTO

VOOR EEN MOOIE GOUDEN KORST,ZORG ERVOOR DAT HET OPPERVLAK VAN DE SINT-JAKOBSSCHELPEN ECHT DROOG IS - EN DAT DE PAN LEKKER HEET IS - VOORDAT JE ZE IN DE PAN DOET. LAAT DE SINT-JAKOBSSCHELPEN OOK 2 TOT 3 MINUTEN SCHROEIEN ZONDER ZE TE STOREN, ZORGVULDIG CONTROLEREN VOORDAT U ZE OMDRAAIT.

1 pond verse of bevroren sint-jakobsschelpen, drooggedept met keukenpapier

3 middelgrote rode bieten, geschild en in stukjes gesneden

½ van een Granny Smith-appel, geschild en in stukjes

2 jalapeños, zonder steel, zonder zaadjes en fijngehakt (zietip)

¼ kopje gehakte verse koriander

2 eetlepels fijngesnipperde rode ui

4 eetlepels olijfolie

2 eetlepels vers limoensap

witte peper

1. Ontdooi sint-jakobsschelpen, indien bevroren.

2. Voor bietenrelish, combineer in een middelgrote kom bieten, appel, jalapeños, koriander, ui, 2 eetlepels olijfolie en limoensap. Goed mengen. Zet opzij tijdens het bereiden van sint-jakobsschelpen.

3. Spoel de sint-jakobsschelpen; dep droog met keukenpapier. Verhit in een grote koekenpan de resterende 2 eetlepels olijfolie op middelhoog vuur. Sint-jakobsschelpen toevoegen; sauteer gedurende 4 tot 6 minuten of tot ze

goudbruin zijn aan de buitenkant en nauwelijks ondoorzichtig. Bestrooi de coquilles licht met witte peper.

4. Verdeel voor het serveren de bietenrelish gelijkmatig over de borden; top met sint-jakobsschelpen. Serveer onmiddellijk.

GEGRILDE SINT-JAKOBSSCHELPEN MET KOMKOMMER-DILLE SALSA

VOORBEREIDEN:35 minuten chill: 1 tot 24 uur grill: 9 minuten maakt: 4 porties

HIER IS EEN TIP OM DE MEEST ONBERISPELIJKE AVOCADO'S TE KRIJGEN:KOOP ZE ALS ZE HELDERGROEN EN HARD ZIJN, EN LAAT ZE EEN PAAR DAGEN OP HET AANRECHT RIJPEN - TOTDAT ZE EEN KLEIN BEETJE MEEGEVEN ALS JE ER ZACHTJES MET JE VINGERS OP DRUKT. ALS ZE HARD EN ONRIJP ZIJN, ZULLEN ZE NIET KNEUZEN TIJDENS HET TRANSPORT VAN DE MARKT.

12 of 16 verse of bevroren zeeschelpen (1¼ tot 1¾ pond totaal)

¼ kopje olijfolie

4 teentjes knoflook, fijngehakt

1 theelepel versgemalen zwarte peper

2 middelgrote courgettes, schoongemaakt en in de lengte gehalveerd

½ middelgrote komkommer, in de lengte gehalveerd en overdwars in dunne plakjes gesneden

1 middelgrote avocado, gehalveerd, zonder zaadjes, geschild en in stukjes

1 middelgrote tomaat, zonder klokhuis, zonder zaadjes en in stukjes

2 theelepels geknipte verse munt

1 theelepel geknipte verse dille

1. Ontdooi sint-jakobsschelpen, indien bevroren. Spoel de sint-jakobsschelpen af met koud water; dep droog met keukenpapier. Meng in een grote kom 3 eetlepels olie, knoflook en ¾ theelepel peper. Sint-jakobsschelpen toevoegen; gooi voorzichtig om te coaten. Dek af en koel gedurende minimaal 1 uur of maximaal 24 uur, af en toe zachtjes roerend.

2. Bestrijk de courgettehelften met de resterende 1 eetlepel olie; bestrooi gelijkmatig met de resterende ¼ theelepel peper.

3. Giet de sint-jakobsschelpen af en gooi de marinade weg. Rijg twee spiesjes van 10 tot 12 inch door elke sint-jakobsschelp, gebruik 3 of 4 sint-jakobsschelpen voor elk paar spiesjes en laat een ruimte van ½ inch tussen de sint-jakobsschelpen.* (Als u de sint-jakobsschelpen op twee spiesen rijgt, blijven ze stabiel tijdens het grillen en draaien.)

4. Plaats voor een houtskool- of gasgrill de sint-jakobsschelpen en courgettehelften op het grillrek direct op middelhoog vuur.** Dek af en grill tot de sint-jakobsschelpen ondoorzichtig zijn en de courgettes net zacht zijn, draai halverwege het grillen. Wacht 6 tot 8 minuten voor sint-jakobsschelpen en 9 tot 11 minuten voor courgette.

5. Ondertussen, voor salsa, combineer in een middelgrote kom komkommer, avocado, tomaat, munt en dille. Gooi voorzichtig om te combineren. Plaats 1 sint-jakobsschelp op elk van de vier serveerborden. Snijd de courgettehelften schuin doormidden en leg ze op borden met sint-jakobsschelpen. Schep het komkommermengsel gelijkmatig over de sint-jakobsschelpen.

*Tip: Als je houten spiesen gebruikt, laat ze dan 30 minuten in voldoende water weken voordat je ze gebruikt.

**Om te braden: Bereid zoals aangegeven in stap 3. Plaats sint-jakobsschelpen en courgettehelften op het onverwarmde rooster van een grillpan. Rooster 4 tot 5 inch van het vuur tot de sint-jakobsschelpen ondoorzichtig zijn en de courgette net zacht is, één keer halverwege het koken. Wacht 6 tot 8 minuten voor sint-jakobsschelpen en 10 tot 12 minuten voor courgette.

AANGEBRADEN SINT-JAKOBSSCHELPEN MET TOMAAT, OLIJFOLIE EN KRUIDENSAUS

VOORBEREIDEN:20 minuten koken: 4 minuten maakt: 4 porties

DE SAUS IS BIJNA ALS EEN WARME VINAIGRETTE.OLIJFOLIE, GEHAKTE VERSE TOMAAT, CITROENSAP EN KRUIDEN WORDEN GECOMBINEERD EN HEEL ZACHTJES VERWARMD - NET GENOEG OM DE SMAKEN TE VERSMELTEN - EN VERVOLGENS GESERVEERD MET DE AANGEBRADEN SINT-JAKOBSSCHELPEN EN EEN KNAPPERIGE SALADE MET ZONNEBLOEMSPRUITEN.

SINT-JAKOBSSCHELPEN EN SAUS

1 tot 1½ pond grote verse of bevroren zeeschelpen (ongeveer 12)

2 grote romatomaten, ontveld,* zonder zaadjes en in stukjes

½ kopje olijfolie

2 eetlepels vers citroensap

2 eetlepels geknipte verse basilicum

1 tot 2 theelepels fijngehakte bieslook

1 eetlepel olijfolie

SALADE

4 kopjes zonnebloemspruiten

1 citroen, in partjes gesneden

Extra vergine olijfolie

1. Ontdooi sint-jakobsschelpen, indien bevroren. Spoel de sint-jakobsschelpen; droog deppen. Opzij zetten.

2. Voor saus, combineer in een kleine steelpan tomaten, ½ kopje olijfolie, het citroensap, basilicum en bieslook; opzij zetten.

3. Verhit in een grote koekenpan de 1 eetlepel olijfolie op middelhoog vuur. Sint-jakobsschelpen toevoegen; kook gedurende 4 tot 5 minuten of tot ze bruin en ondoorzichtig zijn, één keer halverwege het koken.

4. Leg voor de salade de spruitjes in een serveerschaal. Knijp de partjes citroen uit over de spruitjes en besprenkel met een beetje olijfolie. Gooi om te combineren.

5. Verwarm de saus op laag vuur tot hij warm is; kook niet. Schep voor het serveren wat saus in het midden van het bord; top met 3 van de sint-jakobsschelpen. Serveer met de spruitjessalade.

*Tip: Om een tomaat gemakkelijk te schillen, laat je de tomaat 30 seconden tot 1 minuut in een pan met kokend water vallen, of totdat de schil begint te scheuren. Haal de tomaat uit het kokende water en dompel hem onmiddellijk in een kom met ijswater om het kookproces te stoppen. Als de tomaat koel genoeg is om te hanteren, laat je de schil eraf.

IN KOMIJN GEROOSTERDE BLOEMKOOL MET VENKEL EN ZILVERUITJES

VOORBEREIDEN:15 minuten koken: 25 minuten maakt: 4 portiesFOTO

ER IS IETS BIJZONDERS AANLOKKELIJKSOVER DE COMBINATIE VAN GEROOSTERDE BLOEMKOOL EN DE GEROOSTERDE, AARDSE SMAAK VAN KOMIJN. DIT GERECHT HEEFT HET EXTRA ELEMENT VAN ZOETHEID VAN GEDROOGDE AALBESSEN. ALS JE WILT, KUN JE EEN BEETJE WARMTE TOEVOEGEN MET ¼ TOT ½ THEELEPEL GEMALEN RODE PEPER SAMEN MET DE KOMIJN EN KRENTEN IN STAP 2.

3 eetlepels ongeraffineerde kokosolie

1 middelgrote bloemkool, in roosjes gesneden (4 tot 5 kopjes)

2 kroppen venkel, grof gesneden

1½ kopjes bevroren pareluien, ontdooid en uitgelekt

¼ kopje gedroogde krenten

2 theelepels gemalen komijn

Gesnipperde verse dille (optioneel)

1. Verhit kokosolie in een extra grote koekenpan op middelhoog vuur. Voeg bloemkool, venkel en zilveruitjes toe. Dek af en kook gedurende 15 minuten, af en toe roeren.

2. Zet het vuur laag tot medium-laag. Voeg krenten en komijn toe aan de koekenpan; kook, onbedekt, ongeveer 10 minuten of tot bloemkool en venkel zacht en goudbruin zijn. Garneer eventueel met dille.

CHUNKY TOMATEN-AUBERGINESAUS MET SPAGHETTI SQUASH

VOORBEREIDEN:30 minuten bakken: 50 minuten afkoelen: 10 minuten koken: 10 minuten maakt: 4 porties

DIT PITTIGE BIJGERECHT IS GEMAKKELIJK OM TE DRAAIENTOT EEN HOOFDGERECHT. VOEG ONGEVEER 1 POND GEKOOKT RUNDERGEHAKT OF BIZON TOE AAN HET AUBERGINE-TOMATENMENGSEL NADAT JE HET LICHT HEBT GEPUREERD MET EEN AARDAPPELSTAMPER.

1 spaghettipompoen van 2 tot 2½ pond

2 eetlepels olijfolie

1 kop gehakte, gepelde aubergine

¾ kopje gesnipperde ui

1 kleine rode paprika, gehakt (½ kopje)

4 teentjes knoflook, fijngehakt

4 middelgrote rode rijpe tomaten, indien gewenst gepeld en grof gehakt (ongeveer 2 kopjes)

½ kopje gescheurde verse basilicum

1. Verwarm de oven voor op 375 ° F. Bekleed een kleine bakvorm met bakpapier. Snijd de spaghettipompoen kruiselings doormidden. Gebruik een grote lepel om eventuele zaden en touwtjes eruit te schrapen. Leg de pompoenhelften, met de snijkanten naar beneden, op de voorbereide bakplaat. Bak, onbedekt, gedurende 50 tot 60 minuten of tot de pompoen zacht is. Koel ongeveer 10 minuten op een rooster.

2. Verhit ondertussen in een grote koekenpan olijfolie op middelhoog vuur. Voeg ui, aubergine en peper toe; kook 5 tot 7 minuten of tot de groenten zacht zijn, af en toe

roeren. Voeg knoflook toe; kook en roer nog 30 seconden. Voeg tomaten toe; kook gedurende 3 tot 5 minuten of tot de tomaten zacht zijn, af en toe roeren. Gebruik een aardappelstamper om het mengsel licht te pureren. Roer de helft van de basilicum erdoor. Dek af en kook gedurende 2 minuten.

3. Gebruik een pannenlap of handdoek om de pompoenhelften vast te houden. Gebruik een vork om de pompoenpulp in een middelgrote kom te schrapen. Verdeel de pompoen over vier borden. Garneer gelijkmatig met saus. Bestrooi met de resterende basilicum.

GEVULDE PORTOBELLO CHAMPIGNONS

VOORBEREIDEN:35 minuten bakken: 20 minuten koken: 7 minuten maakt: 4 porties

OM DE MEEST VERSE PORTOBELLO'S TE KRIJGEN,ZOEK NAAR PADDENSTOELEN WAARVAN DE STELEN NOG INTACT ZIJN. DE KIEUWEN MOETEN ER VOCHTIG UITZIEN, MAAR NIET NAT OF ZWART EN MOETEN GOED VAN ELKAAR GESCHEIDEN ZIJN. OM ELKE VORM VAN PADDENSTOELEN KLAAR TE MAKEN OM TE KOKEN, VEEGT U ZE AF MET EEN LICHT VOCHTIGE PAPIEREN HANDDOEK. LAAT PADDENSTOELEN NOOIT ONDER WATER LOPEN OF WEEK ZE IN WATER - ZE ZIJN ZEER ABSORBEREND EN WORDEN PAPPERIG EN DRASSIG.

4 grote portobello-paddenstoelen (ongeveer 1 pond in totaal)

¼ kopje olijfolie

1 eetlepel Rokerige Kruiden (zie_recept_)

2 eetlepels olijfolie

½ kopje gehakte sjalotten

1 eetlepel gehakte knoflook

1 pond snijbiet, gesteeld en gehakt (ongeveer 10 kopjes)

2 theelepels mediterrane kruiden (zie_recept_)

½ kopje gehakte radijsjes

1. Verwarm de oven voor op 400 ° F. Verwijder steeltjes van paddenstoelen en reserveer voor stap 2. Gebruik de punt van een lepel om de kieuwen uit de doppen te schrapen; kieuwen weggooien. Plaats champignondoppen in een rechthoekige ovenschaal van 3 kwart gallon; borstel beide kanten van champignons met de ¼ kopje olijfolie. Draai de champignonhoeden zodat de gesteelde zijkanten naar boven zijn; bestrooi met Smokey Seasoning. Bedek de

ovenschaal met folie. Bak, afgedekt, ongeveer 20 minuten
of tot ze gaar zijn.

2. Hak ondertussen de gereserveerde champignonstelen fijn;
opzij zetten. Om snijbiet te bereiden, verwijdert u dikke
ribben van bladeren en gooit u ze weg. Hak de
snijbietblaadjes grof.

3. Verhit in een extra grote koekenpan de 2 eetlepels olijfolie
op middelhoog vuur. Voeg sjalotten en knoflook toe; kook
en roer gedurende 30 seconden. Voeg gehakte
champignonstelen, gehakte snijbiet en mediterrane
kruiden toe. Kook, onafgedekt, 6 tot 8 minuten of tot
snijbiet zacht is, af en toe roeren.

4. Verdeel het snijbietmengsel over de champignonhoedjes.
Sprenkel eventueel overgebleven vocht in de ovenschaal
over de gevulde champignons. Garneer met gehakte
radijs.

GEROOSTERDE RADICCHIO

VOORBEREIDEN:20 minuten koken: 15 minuten maakt: 4 porties

RADICCHIO WORDT HET VAAKST GEGETENALS ONDERDEEL VAN EEN SALADE OM EEN AANGENAME BITTERHEID TE GEVEN IN DE MIX VAN GROENTEN, MAAR HET KAN OOK OP ZICHZELF WORDEN GEROOSTERD OF GEGRILD. EEN LICHTE BITTERHEID IS INHERENT AAN RADICCHIO, MAAR JE WILT NIET DAT HET OVERWELDIGEND IS. ZOEK NAAR KLEINERE HOOFDEN WAARVAN DE BLADEREN ER FRIS EN KNAPPERIG UITZIEN - NIET VERWELKT. HET AFGESNEDEN UITEINDE KAN EEN BEETJE BRUIN ZIJN, MAAR MOET MEESTAL WIT ZIJN. IN DIT RECEPT VOEGT EEN SCHEUTJE BALSAMICOAZIJN VOOR HET SERVEREN EEN VLEUGJE ZOETHEID TOE.

2 grote kroppen radicchio

¼ kopje olijfolie

1 theelepel mediterrane kruiden (zie recept)

¼ kopje balsamico azijn

1. Verwarm de oven voor op 400 ° F. Snijd de radicchio in vieren en laat een deel van de kern zitten (u zou 8 partjes moeten hebben). Bestrijk de zijkanten van de schijfjes radicchio met olijfolie. Plaats wiggen, met de snijkanten naar beneden, op een bakplaat; bestrooi met mediterrane kruiden.

2. Rooster ongeveer 15 minuten of tot de radicchio geslonken is, draai halverwege het roosteren een keer om. Schik de radicchio op een serveerschaal. Besprenkel balsamicoazijn; direct serveren.

GEROOSTERDE VENKEL MET SINAASAPPELVINAIGRETTE

VOORBEREIDEN:25 minuten braden: 25 minuten maakt: 4 porties

BEWAAR EVENTUELE OVERGEBLEVEN VINAIGRETTE OM TE GOOIENMET SALADEGROENTEN - OF SERVEER MET GEGRILD VARKENSVLEES, GEVOGELTE OF VIS. BEWAAR OVERGEBLEVEN VINAIGRETTE IN EEN GOED AFGEDEKTE CONTAINER IN DE KOELKAST GEDURENDE MAXIMAAL 3 DAGEN.

6 eetlepels extra vierge olijfolie, plus meer om te poetsen

1 grote venkelknol, bijgesneden, klokhuis verwijderd en in partjes gesneden (bewaar eventueel bladeren voor garnering)

1 rode ui, in partjes gesneden

½ sinaasappel, in dunne plakjes gesneden

½ kopje sinaasappelsap

2 eetlepels witte wijnazijn of champagneazijn

2 eetlepels appelcider

1 theelepel gemalen venkelzaad

1 theelepel fijn geraspte sinaasappelschil

½ theelepel Dijon-stijl mosterd (zierecept)

Zwarte peper

1. Verwarm de oven voor op 425 ° F. Bestrijk een grote bakplaat licht met olijfolie. Schik de venkel, ui en sinaasappelschijfjes op de bakplaat; besprenkel met 2 eetlepels olijfolie. Gooi de groente voorzichtig om met olie te bedekken.

2. Rooster de groenten 25 tot 30 minuten of tot de groenten zacht en licht goudbruin zijn, draai ze halverwege het roosteren een keer om.

3. Ondertussen, voor sinaasappelvinaigrette, in een blender sinaasappelsap, azijn, appelcider, venkelzaad, sinaasappelschil, Dijon-stijl mosterd en peper naar smaak combineren. Voeg, terwijl de blender draait, langzaam de resterende 4 eetlepels olijfolie toe in een dun straaltje. Blijf mixen tot de vinaigrette dikker wordt.

4. Breng groenten over naar een serveerschaal. Besprenkel de groenten met wat van de vinaigrette. Garneer desgewenst met achtergehouden venkelbladeren.

SAVOYEKOOL IN PUNJABI-STIJL

VOORBEREIDEN:20 minuten koken: 25 minuten maakt: 4 portiesFOTO

HET IS VERBAZINGWEKKEND WAT ER GEBEURTTOT EEN MILD SMAKENDE, BESCHEIDEN KOOL WANNEER HET WORDT GEKOOKT MET GEMBER, KNOFLOOK, CHILIPEPERS EN INDIASE KRUIDEN. GEROOSTERDE MOSTERD, KORIANDER EN KOMIJNZAAD GEVEN DIT GERECHT ZOWEL SMAAK ALS KNAPPERIGHEID. WEES GEWAARSCHUWD: HET IS HEET! BIRD'S BEAK CHILIPEPERS ZIJN KLEIN MAAR ZEER KRACHTIG - EN HET GERECHT BEVAT OOK JALAPEÑO. HOUD JE VAN MINDER WARMTE, GEBRUIK DAN GEWOON DE JALAPEÑO.

1 2-inch knop verse gember, geschild en in plakjes van ⅓-inch gesneden

5 teentjes knoflook

1 grote jalapeño, zonder steel, zonder zaadjes en gehalveerd (zietip)

2 theelepels zonder zout toegevoegde garam masala

1 theelepel gemalen kurkuma

½ kopje kippenbottenbouillon (zierecept) of zonder zout toegevoegde kippenbouillon

3 eetlepels geraffineerde kokosolie

1 eetlepel zwart mosterdzaad

1 theelepel korianderzaad

1 theelepel komijnzaad

1 hele vogelbek chili (chile de arbol) (zietip)

1 3-inch kaneelstokje

2 kopjes dun gesneden gele uien (ongeveer 2 middelgrote)

12 kopjes dun gesneden savooiekool met klokhuis (ongeveer 1½ pond)

½ kopje geknipte verse koriander (optioneel)

1. Combineer gember, knoflook, jalapeño, garam masala, kurkuma en ¼ kopje kippenbottenbouillon in een

keukenmachine of blender. Bedek en verwerk of meng tot een gladde massa; opzij zetten.

2. Meng in een extra grote koekenpan kokosolie, mosterdzaad, korianderzaad, komijnzaad, chili en kaneelstokje. Kook op middelhoog vuur, waarbij u de pan regelmatig schudt, gedurende 2 tot 3 minuten of tot het kaneelstokje zich ontvouwt. (Pas op - mosterdzaadjes zullen knappen en spatten tijdens het koken.) Voeg uien toe; kook en roer 5 tot 6 minuten of tot de uien lichtbruin zijn. Voeg gembermengsel toe. Kook, gedurende 6 tot 8 minuten of tot het mengsel mooi gekarameliseerd is, vaak roerend.

3. Voeg kool en de resterende kippenbottenbouillon toe; goed mengen. Dek af en kook ongeveer 15 minuten of tot de kool zacht is, roer tweemaal. Braadpan ontdekken. Kook en roer 6 tot 7 minuten of tot de kool lichtbruin is en overtollige kippenbottenbouillon verdampt.

4. Verwijder het kaneelstokje en de chili en gooi ze weg. Bestrooi eventueel met koriander.

MET KANEEL GEROOSTERDE BUTTERNUTPOMPOEN

VOORBEREIDEN:20 minuten braden: 30 minuten maakt: 4 tot 6 porties

EEN SCHEUTJE CAYENNEPEPERGEEFT DEZE ZOET GEROOSTERDE BLOKJES POMPOEN NET EEN VLEUGJE WARMTE. HET IS GEMAKKELIJK WEG TE LATEN ALS JE DAT LIEVER HEBT. SERVEER DEZE EENVOUDIGE KANT MET GEROOSTERD VARKENSVLEES OF VARKENSKOTELETTEN.

1 butternutpompoen (ongeveer 2 pond), geschild, gezaaid en in blokjes van ¾ inch gesneden

2 eetlepels olijfolie

½ theelepel gemalen kaneel

¼ theelepel zwarte peper

⅛ theelepel cayennepeper

1. Verwarm de oven voor op 400 ° F. Gooi de pompoen in een grote kom met olijfolie, kaneel, zwarte peper en cayennepeper. Bekleed een groot omrande bakplaat met bakpapier. Verspreid de pompoen in een enkele laag op de bakplaat.

2. Rooster 30 tot 35 minuten of tot de pompoen zacht is en aan de randen bruin is, roer een of twee keer.